应知应会 课外系列丛书

YINGZHI YINGHUI
KEWAI XILIE CONGSHU

学生复习
与考试的技巧

廖胜根◎编

健康的身心、丰富的情感、较强的实践能力、优良的品质、过硬的特殊技能、深厚的文化底蕴及良好的习惯，必要的合作素质等，是青少年朋友在成长道路上顺利前进所需要的最基础、最必要的条件，为青少年朋友们从自身着眼，开创成功指明了方向。

成都地图出版社
CHENGDU CARTOGRAPHIC PUBLISHING HOUSE

图书在版编目（CIP）数据

学生复习与考试的技巧/廖胜根编.—成都：成都
地图出版社，2013.5（2021.7重印）
（应知应会）
ISBN 978－7－80704－712－4

Ⅰ.①学… Ⅱ.①廖… Ⅲ.①学习方法－青年读物②学
习方法－少年读物 Ⅳ.①G791－49

中国版本图书馆 CIP 数据核字（2013）第 076744 号

应知应会——学生复习与考试的技巧
YINGZHI YINGHUI——XUESHENG FUXI YU KAOSHI DE JIQIAO

廖胜根　编

责任编辑：游世龙
封面设计：童婴文化

出版发行：成都地图出版社
地　　址：成都市龙泉驿区建设路2号
邮政编码：610100

印　　刷：三河市人民印务有限公司
（如发现印装质量问题，影响阅读，请与印刷厂商联系调换）

开　　本：710mm×1000mm　1/16
印　　张：13　　　　　　字　　数：200千字
版　　次：2013年5月第1版　　印　　次：2021年7月第8次印刷
书　　号：ISBN 978－7－80704－712－4

定　　价：38.80元

前　言

　　考试是人类悠久的历史文化传统之一。最初的考试并非具有独立的形态，它与人类的教育活动融为一体。随着人类社会的发展，考试作为一种独立的文化形式——制度，渗透到社会的各个阶层。

　　考试制度在世界上已经有几千年的历史。目前为止，人们还没有发现有比考试更有效的挑选人才的办法。而在学校教育中，考试是教学过程中的一个重要环节，有教学就有考试。一个学生，从上学之日起就与考试结下了不解之缘，上学期间不知道要经历多少次考试。在传授应试复习和考场技巧之前，有必要先谈谈一些有关考试的认识问题。

　　考试是对学习者综合能力的一个考察，大大小小的考试是对学习者平时学习效果和学习能力的检验。如果没有考试，学习者怎么知道自己学得如何、现在的能力水平又如何呢？如果不知道这些，学习者又将怎么进行下一阶段的学习呢？

　　学生的学习一般是在老师的指导下进行的。其实，老师组织那么多考试，并不是要难为学生，而是要帮助学生更好地学习。通过一次次的考试，老师就会知道学生现在的学习情况。这样，老师就

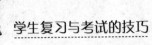
能在下一个阶段，有针对性地安排讲课的内容，必要的时候还会做一些个别的辅导。

对学生家长来说，他们平常可能没有那么多的时间和精力来了解孩子的学习情况，主要是根据考试成绩来了解。虽然说成绩不是唯一的标准，但大体上还是能够反映学生学习的情况。父母通过考试成绩对孩子的学习程度做到心理有数，就会督促孩子更好地学习，给孩子创造更好的学习环境。

对我们自己来说，通过考试，我们知道了自己在学习中存在什么样的问题，清楚了自己下面学习的目标，进而才会精神百倍、干劲十足地投入到下一个阶段的学习中去。

考试是我们学习道路上的伙伴，我们的学习离不开考试。考试也是我们成长道路上的伙伴，我们的成长也离不开考试。

通过考试，我们学会了怎样把课本上的知识转化为自己的能力，我们知道了怎样去发现自己的问题，怎样调整自己的目标去解决问题。通过考试，我们对自己有了更加清楚的认识，能够给自己正确定位。

考试不光教会了我们学习的本领，同时还让我们的心理变得更加成熟。在一次次的考试中，我们品尝到了收获的喜悦，体会到了一分耕耘，一分收获的道理。考试让我们变得沉着、冷静，懂得了如何去面对人生的一次次挑战。明白了这个道理，我们就不会再害怕失败和挫折，因为我们明白，这些经历会让我们以后变得更好。

总之，考试有这么多用处，我们的学习是离不开它的。大家不要把"考试"看做敌人，一想到考试就愁眉苦脸的，而要把考试看成朋友，看成是学习道路上、成长道路上的好伙伴。

在学生阶段，我们要经历许多大大小小的考试。这些考试考的科目不一样，内容也不同，准备起来真是让人头疼。其实，考试也有它内在的规律。关键看我们能否掌握正确的方法，然后随机应变。这本书讲的主要就是应试复习和考试中应该掌握的一些基本方法，这些方法能够为考试服务，为学习服务。

我们经历的考试大致可以分为两类，即："小考"和"大考"。大部分考试是在学习过程中，为了了解自己一个阶段学习效果的学业考试，我们称为"小考"。还有一种考试是为了从学生中间选拔出一部分人，进入更高阶段学习而举行的升学考试，我们称为"大考"，中考和高考就都属于"大考"。这两种考试目的不大一样，准备、应对的方法和技巧自然也有差别。

对于平常的考试，我们只要按照老师的要求，根据自己的学习情况，按部就班地进行复习和准备就行了，不需要搞临时突击，更不必紧张，如临大敌。这样的考试，主要是为了帮助我们发现学习过程中的问题，并及时地进行调整和纠正，不留后遗症。这样，我们对下面的学习就会更有信心，也更轻松了。

那么应该怎样应对像中考、高考这样的"大考"呢？其实也没什么太困难的地方，只是我们要在策略和方法上做些调整。毕竟中考和高考涉及的课程知识和内容很广很多，所以我们就要准备更长的时间，全面系统地掌握各门课程知识。我们还要根据自己的实际情况，有针对性地进行复习，哪些课程、哪些内容应该花多少时间，都要有详细的计划。再看看往年考试的题型，做到心中有数。只要我们做好了准备，中考和高考也没有什么可怕的。

不管"大考"，还是"小考"，考试的道理都是相似的，都有一定的方法和规律。我们都知道只有在游泳中才会学会游泳，考试也一样。只有通过不断的考试，才能一点一点地积累经验，从中摸索出规律，把规律转化为适合自己的考试方法。这样，我们就会越来越自信，再也不会被考试吓倒了。

目 录

****

第一章 好心态助你考得好

在准备考试的过程中，心态非常重要。考试不仅是对我们学习成果的检查，更是对意志品质的考验。那么，我们要注意哪些方面呢？下面，我们就来好好讨论一下。

1. 考试需要内驱力

小磊平时最怕、最烦考试。他总觉得考试不是为了自己，是为了父母和老师。父母总是在耳边唠叨："你看我们为了你上学花费了这么多，你不好好考怎么对得起我们啊！"一到考试，小磊就想起父母说的这些话，他总担心考不好，父母又要批评自己。考试变成了父母给他的一项任务，考得好父母脸上有光，考不好父母就没面子，跟自己没啥关系。这样的心理，又怎么能考好呢？

还有一些同学则是另外一种情况。他们成绩不错，老师和家长也经常表扬他们，长此以往，这种表扬就成了他们考试的主要动力。考试对他们来说就是追求好分数，然后赢得老师和家长的表扬，这样脸上多有光啊！这种认识同样也是错误的。

不管是哪种情况，都有一个共同的特点，就是对他们来说，参加考试是为了应付外面的压力和期待，是为了交差或者得到某种奖赏，这就叫"外部动机"。如果考试的动力和压力完全来自外部，学生往往会出现信心不足、动力不足的情况，或者一味地追求高分数，甚至犯下作弊的错误。

那么，正确的做法应该是什么呢？那就是把"外部动机"转化为"内部动机"，我们不是为了家长和父母去考试，是为了自己去考试，通过考试来检查自己的知识和才能，把考试看成是战胜自我、锻炼自我、锻炼意志的一次挑战。只有把"外部动机"转化成"内部动机"，我们才能把考试和学习的主动权掌握在自己手里。

同学们应该有这样一个概念：考试不是为了单纯的考试本身，而是对我们的学习有帮助作用的。

小军平时是个挺爱学习的孩子，但就是不喜欢考试。最近他生病了，只好在家休息，期中考试也耽误了。这倒让小军有点儿庆幸，总算逃过一次考试。不过，他在病床上也没闲着，还是坚持自己看书学习，病好后又好好补习了一番，总算没落下功课。

转眼间，又要期末考试了，小军觉得自己学得还行，成绩不应该太差。没想到成绩出来以后，他发现和自己的目标差了一大截。小军的爸爸妈妈帮他分析原因，结果发现是由于他没有参加期中考试，前半学期的课程没有得到消化，进而影响到后面的课程学习。小军自己以为看书看明白的地方，其实都没有真正掌握。

小军这才明白考试的重要性。从此以后，他改变了对待考试的态度，更加积极地面对和准备考试，成绩也有了很大的提高。

为什么错过一次考试就会产生这么大的影响呢？这个例子正是从反面告诉我们，考试对于我们的学习有多么重要。我们为了准备一次考试，要做许多工作。比如，要认真做好复习，对学过的知识进行好好的消化和总结，把学过的知识进行整理等等。如果没有考试，我们也就不需要复习，知识就会一边学一边忘，好像前前后后都没有什么联系似的，到最后发现自己什么都没有学到。可以说，考试是一个发动机，它带动我们去消化和整理自己学过的知识，这当然就会大大帮助我们的学习了。

不过，小军能通过期末考试发现自己的问题，说明他还是一个很聪明的孩子。考试不光是一个发动机，它还是一块试金石。它能检查我们的复习是不是做得好，我们是不是真的把学过的知识都掌握住了。如果经受住了检验，我们就会更加有信心地进行下一阶段的学习；如果发现还有些问题，那也没关系，我们就把这些问题好好解决。不管是哪种情况，我们都是在不断进步的。这样看来，考试对我们学习的帮助可真不小呢。

需要特别指出的是，虽然考试很重要，考取一个好成绩是所有同学的愿望，但考试不能只追求名次。

明明是一个"完美主义者"。她每次考试总能考第一，大家都很羡慕她。明明自己也把每次考第一名作为自己的奋斗目标。

这学期班上转来了一名新同学，这位同学成绩也很好，期末考试超过了明明。明明很难接受第二名的事实。她觉得自己一下子从万众瞩目的高峰跌到了谷底，觉得在同学面前抬不起头，情绪很低

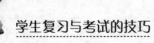

沉。不管同学老师怎么劝说，她都开心不起来。课堂上听不进课，书也看不进去，学习好像没了方向。明明的爸爸妈妈为此也很着急。如果是你，你会怎么去劝说明明呢？

在我们看来，第二名也是很好的成绩，但为什么明明这么不开心呢？其实，这也不能全都怪明明。大家常听到这么一句俗话："考，考，考，老师的法宝；分，分，分，学生的命根。"我们往往把考分看得太重，认为考试就是要拿一个好分数。但是，我们应该冷静地想一想，考到了第一名，或是考了一个很高的分数，真的就是我们考试的目的吗？我们考试只是为了拿一个好名次或好分数吗？

教育学家发现了一个有趣的现象，叫做"第10名现象"，就是说一个班里，后来在事业上取得成功的常常都是排在第10名左右的学生，那些总是考第一名的，有的后来反而没有什么大的成就。

这是一个很值得我们思考的现象。为什么会这样呢？因为有些经常考第一的同学，常常把自己的目标单纯地放在了考分和名次上，而不去给自己设定更高的目标。他们的学习往往不是出于真正的喜爱，而是为了分数、名次这些外在的东西。如果一个人没有大的抱负，缺少对知识真正的兴趣和热情，那么怎么会有卓越的成就呢？

考试是为了帮助我们更好地学习，是我们道路上的伙伴，我们千万不要变成它的奴隶啊。如果你身边有像明明这样的同学，赶快去把这些道理告诉她吧。

2.　以积极的态度备考

"态度决定一切"，这是当年米卢带领中国国家足球队时常说的一句话。其实，这句话对考试也同样适用。很多时候，我们究竟学得怎样，能在考试时考出什么样的成绩，是由我们面对考试的态度决定的。如果我们勇敢和积极地去面对考试，那你就会发现，考试并不可怕。

积极的态度、坚定的信念，有时候会产生无穷的力量，让你完成看起来根本不可能的任务。美国人罗杰·罗尔斯是纽约历史上第一位黑人州长，他从小出生在贫民窟里，那里出生的孩子长大以后一般很难有大的出息。有一天，当顽皮的罗尔斯从教室的窗台上跳下，伸着小手摇摇摆摆地走向讲台时，正在教室里巡查的皮尔·保罗校长对他说："我一看你修长的小拇指就知道，将来你会是纽约州的州长。"当时罗尔斯大吃一惊，因为他从来没想过自己会成为什么州长。然而，他记下了校长的话，并且相信了它。从此以后，纽约州州长就像一面旗帜，引导着他的人生道路。在以后40多年的时间里，他没有一天不按州长的身份要求自己。51岁那年，他真的当上了州长。

在罗杰·罗尔斯的就职演说中，有这么一段话。他说："在这个世界上，信念这种东西是任何人都可以免费获得的，所有成功者最初都是从一个小小的信念开始的。信念是所有奇迹的起点。"罗尔斯正是凭着这种信念，凭着对生活的积极态度，完成了几乎不可能的

任务，实现了自己的梦想。罗尔斯的故事是不是对我们有很大的启发呢？

持积极的态度，就能让"一切皆有可能"，就能对自己有信心，对成功有渴望，然后全身心地投入到行动中。

比起罗尔斯的目标，考试也许算不上多么了不起的任务。然而，有没有积极的态度，结果会完全不同。持消极态度的人常常花时间去担心他们的学习，而不是静静地坐下来认真学习。他们不是去想怎么学习才能学好，而是去想他们的缺点，他们面对的困难，还有失败的后果，结果把时间和精力都浪费掉了。相反，那些拥有积极乐观态度的人，他们关注的是自己的目标，所以他们不去想如果达不到目标会怎么样，而是想我怎样做才能达到我的目标。他们始终对自己说："相信自己，我能行！"

只要我们在复习备考过程中，带着这样的积极态度，投入自己的激情，就不难发现学习中的乐趣。解出难题时的快乐，完成一个章节内容时的兴奋，都能提升我们对学习的兴趣。只有学习兴趣增加了，我们才能离自己的目标越来越近，最终才能取得胜利。

当然，积极的态度并不是随便夸下海口。我们对待考试，要在战略上藐视它，不要被它吓倒；但是在具体的复习中，还是要充分重视它，认认真真地准备。这样才会既让自己有信心，又不会大意。

3. 自信地面对考试

面对考试，最重要的心理素质是什么呢？答案是自信。只有对自己充满信心，才能克服前进道路上的各种障碍，才能消除紧张，把压力转化为动力。没有信心的话，这一切都谈不上。

有的同学以为，自信是成绩优秀同学的专利。这可大错特错了，也许我们的成绩跟最好的同学相比还有差距，但我们也有我们自己的优点。我们要看到并发挥自己的长处，这是我们建立自信心的基础。再说，正因为我们上升的空间还很大，更应该利用自己一点点的成功和进步，来增强自己的自信心。

建立自信心最直接的方法就是心里想什么，就去努力地实施，大胆地去做，直到获得成功。

小芳就有这样的经历。她虽然成绩还不错，但并不拔尖。平时上课除非老师点名，否则她绝不会主动发言，虽然她也动脑子，对课堂讨论的问题进行思考，但却很少放开表达自己的想法。

直到有一次上语文课，课文正好是小芳曾经读过的唐诗，小芳看到这首诗，有一种熟悉感，对整首诗的理解也有了些心得。在这节课上，小芳鼓起了勇气，一次次举手回答问题，而每一次正确地分析了诗句之后，小芳的信心似乎就增加了一些。这节课后，小芳越来越自信，常常在课堂上举手回答问题，勇敢地说出自己的想法，与老师和同学们进行交流。而她的思维能力、分析能力也越来越受到同学们和老师们的肯定，很快就成为班上的佼佼者。

小芳的经历告诉我们：如果做什么事情都顾虑重重，不敢实施，就无法建立自信。要学会当众发言，学会表达自己的想法，想到什么就说什么、干什么，这会大大增加你在各个方面的信心。

前进的道路上难免会遇到困难，面对考试难免会紧张、会有压力，这个时候要保持自己的信心，就要学会给自己一点积极的自我暗示，自己给自己打气，自己给自己说一些鼓劲的话。慢慢地，这种暗示就会对自己的情绪和意志发生作用。

伊万·伦德尔在与约翰·麦肯罗交锋之前，每天都要在本子上写下一句话："我期望着与麦肯罗比赛""我期望着与麦肯罗比赛"……因为此前他与麦肯罗交手都是胜少负多，久而久之，他对与麦肯罗的比赛就产生了一种恐惧心理。为了培养信心和勇气，伦德尔的心理医生建议他每天都在笔记本上写下这句话，这就是一种积极的自我暗示。我们在考试前，也要学会对自己说，"这场考试没什么大不了的""我一定能行！"

美国前总统富兰克林·罗斯福说过一句话："我们不得不害怕的，就是害怕本身。"只要我们克服了害怕和恐惧心理，就会发现，剩下的真的没有什么可怕的。让我们都勇敢起来，信心百倍地去迎接考试吧。

4. 勤奋才能取得好成绩

要想在考试中取得好成绩，就需要在考前的复习过程中，认认真真、勤勤恳恳做好充分准备。没有脚踏实地地学习，任何目标都是空谈。俗话说得好：一分耕耘，一分收获。勤奋是我们积攒自身实力的基础。

冯珑珑是 1979 级中国科技大学少年班第三期学生，他是第三次报考才被录取的。前两次都因为成绩不够理想没有成功，但他没有气馁，继续勤学苦练。终于，在高一的第三次报考时，他如愿以偿，在当年少年班考生中总分位居第四。在报考少年班的两年多时间中，他没有休息过一个星期天，在寒暑假里没玩过一天，不论严寒酷暑，天天坚持学习。夏天的时候，由于思想集中，有时两脚被蚊虫叮得全是包也浑然不觉。正是凭着这种刻苦精神，他从初二跳到高一，从高一跳到大学，又在大三提前考上研究生，后来又成为博士生。正是靠着这种常人难以做到的勤奋，冯珑珑才实现了一个又一个飞跃。

我们不必给自己定下那么高的目标，通过一次考试也未必要下那么大的工夫，但是有一点毫无疑问，那就是我们的收获总是和付出成正比的。只要我们勤奋一点，多下一点工夫，进步和提高也会多一点。

勤奋并不那么容易做到，需要我们克服很多困难和诱惑。但是，通过勤奋，最终达到目标的成就感和幸福感却是无与伦比的。到那时，你会觉得前面所有的付出都是那么值得。

大家看奥运会比赛，会看到每一个运动员在获得胜利的那一瞬间，那种欣喜若狂、激动万分的神情。因为在胜利背后，他们付出了无数的心血和汗水。考试当然没有那么辛苦，但是只要愿意，我们每个人都可以去体会这种通过勤奋实现目标的成就感和幸福感。

在勤奋学习的过程中，我们付出的心血越多，对考试越专注，对自己的评价就会越高，对自己也就会越有信心。所以，勤奋学习不仅仅能让我们在知识和能力上不断取得进步，更能在心理上让自己不断成熟，让自己去勇敢地面对一场又一场考试，一个又一个挑战。

5. 设定合理的期望值

只要是认认真真对待考试的同学，对于考试成绩都会有自己的目标，有自己的期望，这是非常必要的。不过对自己的期望值也要建立在一个合理的水平上，我们前面说过，复习的时候要注意随时调整自己，让目标始终对自己产生激励作用。那么对于考试结果的期望，同样也是如此。

俗话说，人贵有自知之明，这句话是有一定道理的。一般来说，考试前我们对自己的期望值不要太大，要对自己的水平有一个客观的估计。要不然考试中一旦出现某些失误，我们就会从希望的顶峰跌至失望的谷底，会对我们造成较大的刺激，甚至因此而一蹶不振。考试前保持一个合理的期望值，让自己以更加平静的心态面对考试，反而能够考出较好的成绩。

当然，对自己的期望也不应该过低，这样会失去努力的动力。这里就有一个正确认识自己的问题。我们要尽可能做到有自知之明，恰到好处地评价自己，让自己经常处于自信而不自满、自尊而不自负、自善而不自欺的良好心理状态。这样我们就能从容应对考试中可能出现的各种复杂情况，随时调节自己。

其实在对自己有了正确的认识和评价之后，只要能考出真实水平，就可以说是成功了。盲目地和别人攀比，只会挫伤自己的信心。所以，一定不要给自己背上太多包袱，压得自己喘不过气来。让我们甩开包袱，轻装上阵，在考场上发挥出自己应有的水平。

6. 把压力转化为动力

只要参加考试，就会有压力，这是免不了的。我们应该怎样去面对压力呢？是一味地逃避，还是完全不在乎？或者在压力下喘不过气来，每天都在紧张和焦虑中度过？

我们来看苏苏是怎么做的。刚上初三，苏苏就已经感到从未有过的压力。老师一再强调初三复习的重要性，爸爸妈妈也常念叨：得考上重点高中，以后上大学才有把握。就算他们不说，平时的氛围，也让苏苏有些透不过气来。

教室的墙上挂着一个倒计时牌：距离中考还有多少天。平时的测验一下子多了起来，就连老师上课的表情和语气也显得更严肃了。面对这么多压力，苏苏并没有吓倒。她冷静下来好好想了想，根据自己的情况，给自己制订了一个详细的复习计划，提出了具体的要求。然后，在心里面暗暗给自己鼓劲：一定要努力！一定要考出理想的水平来！不用爸爸妈妈和老师提醒，苏苏每天都会告诫自己：不能放松，再努力！就在这样的状态下，苏苏做好了充分的复习准备，终于考上了理想的高中。

苏苏成功的秘密在哪里呢？那就是她选择了一种正确对待压力

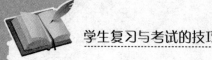
的态度：把别人给的压力转化为自己的动力。其实我们在考试中有些压力不仅正常，而且是必要的。如果完全没有压力，无论考成怎样都无所谓，那我们又怎么能取得进步呢？

有句话说得好：压力是人生的燃料。关键是要把这种压力转化为动力。别人给的压力是压力，自己给的压力就是动力。"永远对自己要求高一点"，这是一位中考状元的座右铭。我们不应该仅仅满足于现有的成绩，而是要不断地给自己提出更高的要求。唯有如此，我们才能把压力转化为动力，我们才能不断进步。

我们在具体的复习过程中，给自己一些压力也是很有好处的。给自己一些压力，让自己适度地紧张起来，可以让我们在复习和考试中更兴奋一些，注意力和反应速度更高。士兵在打仗的时候都会提高警惕，注意力高度集中，我们也要让自己处在临战的最佳状态中，让自己的思维更敏捷，反应更快，这样复习的效率就会大大提高。在考试中遇到难题的时候，适度的紧张会让我们思维能力更强，想出解题的思路来，这也就是人们常说的"急中生智"。

所以，面对压力，我们的态度不应该是逃避和毫不在意，更不是被压力压垮、一蹶不振，而是要勇敢去面对，主动去承受，把它转化为前进的动力，推动我们不断取得一个又一个进步。

7. 克服"克拉克现象"

小楠是个很聪明、学习又很用功的孩子。她平时上课发言、做作业的表现都不错，小测验的成绩也很好。可不知道是怎么回事，小楠一到期末考试就紧张，一紧张就考不好。事后分析一下，考试的题目也并不难。按理说，小楠想要考好是没问题的。但考试这一关总是让她栽跟头。这不都到初三了，很快就要中考，如果这个问题不解决，那小楠的升学前景还真是不容乐观。

小楠的这种情况，有人把它叫做"克拉克现象"。什么意思呢？以前，澳大利亚有名长跑运动员叫克拉克，前后17次打破世界纪录，成绩令人吃惊。可是在他运动生涯的巅峰期，他在两届奥运会比赛中都发挥失常。一开始有人认为是技术问题，但心理学家后来发现，克拉克奥运会比赛失败的原因是心理素质不过关。没有自信，顾虑重重，放不开手脚，总怕自己发挥失常，结果是越怕越出错。所以，有人就把平时成绩好、水平高，但一到赛场上就发挥失常的现象称为"克拉克现象"。

其实，每次考试中有同学都可能出现"克拉克现象"，尤其是"中考""高考"这样的大考。据报道，每年高考大约有5%～10%的考生，平常学习成绩一直很好，各种考试练兵也都名列前茅，但一到高考就发挥失常而落榜；相反，学习一般的考生由于对自己期望值不高，压力不大，反而发挥正常，甚至超水平发挥。这充分说明心理素质在考试中的重要作用。

那么，怎样才能拥有好的心理素质，克服考试中的"克拉克现象"呢？

我们要明白，心理素质包括智力因素（观察力、记忆力、思维力、想象力、注意力、感知力等）和非智力因素（动机、兴趣、志向、意志、情绪、性格等）。我们必须清楚在心理素质中，智力是核心，但非智力因素则对智力因素有重要补偿、促进或抑制作用。

智力是一种潜在的能量，智力因素的开发主要依靠积极、能动的内在因素，其中最主要的是非智力因素。作为智力活动的动力系统——非智力因素，在智力开发中同样具有动力作用。也就是说缺乏优良的非智力因素的考生，其智力是不可能被充分开发出来的。比如勤学、不怕吃苦、谦虚、好问就是优良的非智力因素，能促使人的智力开发。而懒惰、得过且过是不良的非智力因素，会抑制智力的开发。

考试不只是智力水平的测验，还包括非智力水平的综合考察。这就好比开采油田，我们明明知道这里是一块石油储存十分丰富的油田，但由于技术水平的限制，就是没办法把它充分地开发出来。明明自己达到了一定水平，但就是发挥不出来，那也不行啊。没有良好的心理素质，智力是不可能被充分开发出来的。所以，我们平时要注意心理素质的培养和锻炼，而不是仅仅把精力放在学习水平的提高上。

要拥有良好的心理素质，就需要辩证地去看待压力。人不能没有压力，有压力才有前进的动力。自信心很强的人，压力越大，越能激发其挑战自我、超越自我的勇气与力量。因此，关键不在压力本身，而在你如何看待压力。平时碰到不顺、不如意的事，要及时调整自己的心态，把它看作锻炼自己意志品质的机会，不让任何消极的情绪在自己身上蔓延。人的心态只有两种：积极的心态和消极的心态。积极的心态有百利而无一害，消极的心态有百害而无一利。

我们要始终以积极的心态去战胜消极的心态，这样不但能克服"克拉克现象"，还能发挥自己潜在的能力。

8. 以平常心对待考试

考试前最容易出现的情绪就是紧张和焦虑。马上就要考试了，可是我好像还没准备好，万一没考好怎么办？有时候我们就像着了魔似的，这些想法在我们的脑子里挥之不去，越临近考试就越紧张。怎样才能消除这种心理呢？

一句话，要以平常心来对待考试。既然再紧张也没用，再紧张也要参加考试，而且想多了反而会影响正常发挥，那就索性把它看作平平常常的事情，不就是一场考试嘛！许多成绩好的同学，在上考场前都有一套让自己的心情平静下来的办法。比如说，把考试看成是平常的一个测验，不必过于强调它的重要性；或者在考试前读一读古诗词，唱唱平时爱唱的歌，让自己的心情平静下来，心态洒脱起来。

焦虑和紧张出现的时候，不要总想着怎么去克制它，越克制反而会越严重，越去想反而越紧张。这时候需要做的是让自己放松下来，你会发现，担心和紧张很快就过去了。然后，把注意力转移到应该做的事情上来，该看书就看书，该做题就做题，慢慢地，一切就会好起来的。

大家肯定看过乒乓球比赛，我们作为观众肯定都很紧张，每一球每一局都可能关系到最后比赛的结果。可是，作为一个心理素质好的运动员，他们在场上可不会想这么多，就是抱着一颗平常心，一分一分地抠，一局一局地打。我们对待复习考试也应该一样，只要埋头下来，认认真真地准备，然后一场一场地考，到最后，一定会有一个好结果。只要自己尽了最大努力，即使考试的结果不那么理想，也不会有什么遗憾。如果我们能这么想，就可以放下包袱，发挥自己的潜力，考出好成绩。

一般来说，我们只要按时完成了自己的复习计划，做好了自己应该做的，到考试前肯定会胸有成竹，自然就不会担心考不好了，心里也不会紧张。所以，平时做好复习，积攒起自己的实力，是最根本的。有实力做后盾，考试自然就变成一件很平常的事了。

9. 相互竞争进步多

考试完后大家免不了要比比分数、排排名次，在考试中，身边的同学既是你的伙伴，也是你的竞争对手。特别是成绩比较好的同学，每次考试似乎都憋着一股劲，一定要和竞争对手分出个高下。那么，怎样在考试中去正确面对我们的同学，我们的竞争对手呢？

强强和小凌就是一对学习上的小伙伴，也是竞争对手。而且打小两人就是这样。他们俩家住得很近，爸爸妈妈也是好朋友，两个人从小一起长大。小学时，他们就在同一个班，他们在比中学、学中比，两个人都憋着一口气不愿输给对方。每次考试结束后，成绩比较好的想要保持优势，一点不敢松懈；成绩差一点儿的就花更多时间来学习，攻难点，克服困难。后来，两人初中也就读于同一所学校的同一个试验班，两人之间的竞争从没有停止过，在不断的竞争之中，两个人一同进步。中考的时候，两人又考入了同一所重点高中，更神奇的是两个人还是同班。这是非常有趣的一件事情，也是同学们可以借鉴的一个经验。我们从这里可以看到，两个人互相竞争是能够共同进步的。

我们无论是在复习中，还是考场上，都要以一种榜样的心态来看待我们的竞争对手。虽然他（她）是对手，但并不是"敌人"，并不妨碍我们向他（她）学习，向他（她）请教。每个人都有自己的长处，能够看到别人的长处，自己才会进步。只有这样，竞争才不会影响大家之间的关系，才会形成一个很好的氛围，大家才会在竞争中成长，取得好的成绩。有了对手，有了竞争，还会更加激起我们对学习的兴趣，让我们更有动力。看到平时竞争的同学还在学习，复习中产生的疲倦心理也会消失，这就是我们所说的"学习风气"，这也是一个班的成绩好，大多数的同学成绩都不错的原因。

那么，竞争是不是说一定要分出个高下呢？

这倒不一定。我们说的竞争，主要是临考复习中的一种氛围，一种态度，不是说一定要得"第一"。得第一的永远是少数，我们大多数同学虽然没有得第一，但是在竞争中都获得了进步。而且，说到分数和成绩，最重要的不是和别人比，而是跟自己比，看看自己比上次考试有没有进步。只要自己在竞争中取得了进步，就是好事。

特别是到了临考前几天，如果感觉到压力的话，更不要去关注

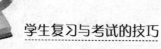

别人，有时候越关注别人，自己的压力会越大。这时候我们就要调整策略，让考试成为自己的一个游戏：跟你自己竞赛。看看你这一次的成绩能否超过你以前的考试成绩。这也是一种竞争。

10. 与父母有效沟通

　　每个同学的父母都存在望子成龙、望女成凤的心理，但有时候因为不了解实际情况，难免会对我们提出过高的要求。如果我们既不想让父母失望，又不想给自己太多不必要的压力，应该怎样做呢？

　　我们一定要想办法把自己的想法说出来，学会和父母沟通。如果因为种种原因把想法闷在心里，"赶鸭子上架"似的向不现实的目标迈进，很有可能会造成严重的后果，这种后果肯定是父母也不愿意看到的。

　　琦琦的经历就是一个教训。琦琦在初三的一次模拟考试中一跃成为年级第十五名。如果她能够保持这个名次，上重点高中就有把握了。琦琦对自己信心十足，觉得看到了希望，家长也非常的高兴，认为自己的孩子就应该把目标定在上重点高中。

　　在当时的兴奋之中，琦琦也清楚地知道自己平时的学习水平和学习状态，这次成绩并不是琦琦的实际水平，其中包含着超常发挥因素。但琦琦的家长并不知此事，始终对她有着很高的期望。这对琦琦而言，是一种无形的巨大压力。在这种巨大的压力下，她完成了中考，结果可想而知。她从年级的第十五名落到了年级的五十五名，重点高中自然也没考上。

如果琦琦当初想办法和父母沟通，告诉父母自己的实际水平，选择另外一所合适的高中作为自己的目标，也许就不会出现这种情况了。我们不要因为无法达到父母的过高期望而心情抑郁，既要尊重父母的意见，又不能盲从父母给自己制订的目标。最好能够坦诚地把自己的想法跟父母说出来。在关系自己前途的问题上，学会和父母沟通是很重要的。

当然，和父母沟通也要注意方式方法。我们总觉得自己和父母有代沟，不愿和父母交流想法，担心父母不理解自己。但是，我们是否理解父母呢？如果不交流，怎么能让彼此了解呢？所以，首先要理解父母，主动沟通，再让父母了解你的想法。让父母知道你已经很努力了，正常发挥了自己的实力，了解你所做的一切。父母看到你已经尽力，即便考试没有考好，他们也会理解你。

另外，一定要注意避免和父母的矛盾激化。父母在气头上的时候可以先不争辩，让父母多说一点，避过风头。等到父母气消了，再找机会主动与他们交流，委婉地说出自己的看法，通过沟通让父母理解你。

只要我们足够真诚，足够努力，父母一定是会理解我们的。到那时候，我们一定会有更加舒畅的心情，会更加安心地准备复习和面对考试的。

第二章　考前复习巧安排

　　不管是什么考试，我们都要做好考前复习工作。可以说，考前复习是准备考试过程中最重要的一个环节。不过，到底应该怎样安排复习，复习中要注意哪些问题，这里面还是有不少学问的。只有掌握科学的复习方法，考试才会变得容易和简单。

1．考前复习要系统

　　先来看一个事例。马上又要进行期末考试了，眼看着时间一天天过去，小杰越来越着急，觉得自己还有好多内容没看呢，但是又不知道从哪里下手。他一会儿看看数学，一会儿翻翻英语，东一榔头，西一棒槌，心里面七上八下的，什么也没看进去。情急之下，他就跑去找帆帆。

　　帆帆平时成绩很好，这会儿也是一副胸有成竹的样子，一点儿也不紧张。看到小杰焦急的表情，帆帆拿出了自己的复习笔记本，小杰一看，各科都做得很整齐，里面有各种各样的记号和图表，每门课的知识点都归纳总结得清清楚楚。帆帆微笑地对小杰说："复习一定要有系统。""系统?"小杰有些疑惑。帆帆就跟他解释说："我们平时学习各门课都是一章一节分散着学的。可是，考试的时候考的都是一个学期或者半个学期的课程，内容很多，这个时候就要把这些分散的内容放在一起，找出它们之间的联系，把它们组织成一个整体系统，这样既便于记忆，又便于运用，心里面有底了，考试也就不会慌了。"小杰忽然有一种豁然开朗的感觉，知道自己该怎么复习了。

帆帆给我们指出了复习的一个基本道理，那就是考前复习是一种系统复习。当我们把学过的知识组织成一个系统，掌握了各个知识点的来龙去脉和相互关系的时候，我们就会有一种胸有成竹的愉快的感觉，自然就不会担心考试了。

这就是系统复习的奥妙。它让我们从大的地方（比如说课本的目录，章节的结构）着手，再一点点扩散到小的知识点，于是看起来没有什么关系的各个知识点，互相连接成一个"系统"，很容易就掌握。这比我们死记硬背一个个知识点，可是强多了。

著名数学家华罗庚有一个说法，读书有一个从"把书看厚"到"把书看薄"的过程。我们每天都在学习新知识，新知识不断积累，这就是"把书看厚"；复习的时候我们把这些知识消化整理，进行总结，把知识系统化，这就是"把书看薄"。明白了这个道理，不只是考试，就是以后的学习，也会受益无穷呢。

古代那些信佛的人们，平常都要在佛像前面烧香火，祈求佛祖的保佑；如果不是诚心信佛，等到灾祸来临的时候再来抱佛脚，那

佛祖肯定是不会理睬的。这告诉我们做任何事情都要把希望寄托在平时的努力上，不能等到最后关头再来应付。复习也是一样。

也许有的同学会感到奇怪，复习不就是为了考试才做的嘛，平时也要复习？

就拿我们前面提到过的小杰来说吧，他听了帆帆的一席话之后，明白了系统复习的道理。但是等他开始着手准备的时候，才发现自己有些力不从心。毕竟时间比较仓促，而要复习的内容又那么多，即使把课本从头到尾看一遍，也要花不少时间呢。小杰暗暗下定决心，下学期一定要在平时就要进行系统复习，不要等到考试的前几天再来准备。

正因为复习是把学过的知识进行系统的整理，所以平常就要随时进行。要不然没有消化的知识越积越多，后面复习的负担就会越来越重。最好当天的课程当天就能消化，结合老师的讲解和课后的习题，把刚刚学过的知识好好总结一番，看看它们和前面的内容有什么关系。如果我们每天都做这样的工作，学习中就不会留下什么漏洞，也不会影响我们后面的学习，考前总复习的时候就不会感到紧张了。

还有一些课程，这一部分和下一部分之间看上去关系不大，前一部分学习中遇到的问题，对后一部分课程的学习不会造成太大影响，比如说物理课中的力学和电学。如果我们学完力学后不及时进行系统复习，学电学的时候发现不了学习力学时存在的问题，那么这些问题就会一直遗留下来，说不定要等到期末总复习时，甚至中考的总复习时候才会被发现。那个时候再来弥补，负担就会很重了，因为总复习的内容本来就很多，再加上当初学习力学的情形，后来也许都忘记了，所以可能要花好几倍的时间才能解决这些问题。平时进行系统复习，就会及时地发现和解决这些问题，最后复习的时候压力就会小很多了。

大家一定都看过跳远的比赛，我们知道运动员助跑距离长，跳得就会比较远。考试也是一样，复习就像助跑，平时复习得越多越好，最后考试就会取得越大的飞跃。

2. 要制订复习计划

凡事预则立，不预则废。复习也是这样。试想，如果没有一个好的复习计划，复习的时候就不知道该从哪方面切入，也不明白自己该加强哪方面的知识、弥补哪方面的不足，这样，复习就不能取得好的效果，考试考不好也在意料之中。因而，制订一个好的复习计划，跟着计划走，成功地完成复习，在考试中取得好成绩也就是理所当然的了。

离期末考试还有两个星期的时候，小刚决定开始要好好复习功课。这两个星期，小刚花了不少时间来复习课本，做习题，还做笔记。可是最后考试的成绩并不是很理想。小刚很纳闷，觉得自己挺用功的，为什么还是考不好呢？

许多同学可能都有类似的苦恼，花了不少时间却没有达到预期的效果，这就说明复习的效率不高。

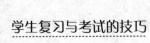

那么，怎么才能提高我们复习的效率呢？要提高效率，就要求我们把时间充分利用起来，让每一分钟都有收获。要做到这样，就要学会做计划。

做计划，就是让我们先设定一个目标，然后在一定的时间内，安排好实现这个目标的具体步骤。每一个步骤要做些什么，准备花多少时间，都要预先计划好。我们只要一步一个脚印按照预先的计划去做，一步步朝自己的目标努力，最后一定会有好的收获。

有了复习的计划，我们就等于有了一个时间表。我们平常的学习都是按部就班的，而在按照计划进行复习的时候，我们给自己每天甚至每个小时都下达了具体的任务，这样就会调动起自己复习的积极性，激发自己的潜能，督促自己集中精力完成任务，复习的效率自然大大提高了。

有了复习的计划，复习就不会是三天打鱼，两天晒网了。我们每天都给自己规定复习的时间和内容，这样就会养成一个良好的复习习惯，每天都坚持下来，日复一日，我们的实力就会越来越强。

那么，应该怎样制订一个好的复习计划呢？

第一，制订复习计划要量体裁衣。所谓量体裁衣，就是要根据自己平时的学习情况，结合自己的作息时间、学习场所等各方面的因素，制订一个属于自己的学习计划表。

在制订复习计划之前，要先问问自己，是否存在偏科现象，各学科的薄弱环节又在哪里。对于薄弱环节和把握不牢固的学科，我们可以多安排一些时间和精力在上面。同时，也要兼顾自己的生理状况，想一想自己一天中的学习低、高潮是什么时候，自己的作息时间如何，必要的睡眠时间是多少等等，找出自己一天中状态最佳的时间，从而安排复习的最佳时间段。除此之外，还可以借鉴老师、同学的复习计划中适合自己的某些方面。这样，复习计划的基本轮廓就出来了。

第二，复习计划要详尽。从复习到考试这段时间，我们该按照怎样的步骤加强巩固学过的知识、提高弱项、弥补不足呢？

在复习计划里，我们可以把所要复习的学科内容大体划分为几个阶段，例如重读课本、笔记整理、试卷重做、专题提高、回归教材，或者是将复习分为 4 轮，例如梳理知识阶段、综合系统提高阶段、考练结合阶段、常识记忆阶段。大致内容划分完后，可以具体地安排短期内的复习计划，例如本周内，外语复习哪些内容，解决哪些自己不会的东西，每天大体上干什么等。

第三，复习计划要留有余地。制订复习计划要详细的同时，也要给自己留有余地，不要"满打满算"。

俗话说，计划赶不上变化。计划毕竟只是一个写在纸上的东西，而我们的日常生活包括复习却是千变万化的。生活有时候会和我们玩捉迷藏，给我们出一些问题，而这些问题又不是在我们计划之中的。因此，复习计划要相对宽松，有自由的时间和余地。

让我们来看看小红今天晚上的复习时间安排：

晚上 7 点到 8 点复习数学。

8 点到 9 点复习英语。

9 点以后的时间留给语文。

这样的时间安排得太紧了，完全不给自己留发挥的余地。单从时间上考虑，从数学到英语再到语文，中间没有休息的时间，这样"连轴转"很容易使人感到疲劳。从复习的进度上讲，如果在复习的过程中出现了难题，而到了规定的时间，这道难题还不能解决，这时，是要放弃这道难题直接跳到下一个科目的复习，还是先把这道题解答出来？这就需要调整计划，在各科目的复习后，给自己一段休息的时间，这样不仅可以让自己缓口气，清醒头脑，而且还能根据复习的难易灵活调整复习时间。

第四，复习计划要兼顾全面。有的学生对喜欢的科目就先复习，不喜欢的科目放在后头，或者是把自己的强项放在前面复习，这样会使弱项的复习受到影响，导致强项越来越强，弱项始终没得到实质性的提高。有很多学生在复习的过程中，把大部分的时间和精力放在做难题上，而忽视了基础知识的巩固，结果造成了因基础知识不牢固而导致成绩不能提高的情况出现。

其实，每个学生都有自己的强项和弱项，即便是在同一科目内，有掌握得好的方面，也有掌握得不好的方面。怎样才能做到既保持了强项，又使弱项得到提高呢？这就要求在制订复习计划的时候，合理地安排时间。不论哪一科，基础知识是基石，也是考试得高分的根基，因而，制订复习计划时，一定要注意，要有充足的时间留给基础知识。

3．复习计划的执行

眼看又要进行期末考试了，翔翔看着书桌上堆积成山的课本和各种参考资料，心中直犯怵，这么多书，什么时候才能看完啊！翔翔也给自己制订了一个复习计划，但心中还是有些犯难，一想到要考这么多内容，就感觉有座大山压得自己喘不过气来。这种情绪弄得他连复习的动力好像也没有了，怎么办呢？

我们是不是也经常碰到与翔翔同样的问题呢？考试就像一个庞然大物拦住了我们前进的道路。这个时候，我们所要做的就是无视它的存在，把它分解成一个个小不点儿，即：短安排，然后一步步把这些小不点儿轻松搞定。

我们前面谈到制订复习计划要具体到每一天，其实也正是这个道理。复习计划制订得具体和细致，实际上就是把考试这个大目标分解成一个个不是很难，稍稍努力就可以达到的小目标。等到每一个小目标都实现了以后，考试这个大目标自然不在话下。

我们在复习各种具体知识的时候，也会有同样的体会。如果一股脑儿把所有内容都装在脑子里，那肯定会弄得自己头昏脑涨，各种知识像糨糊一样搅和在一起，到最后啥也记不住。如果我们把要复习的内容分解成一个个小块，然后一点点去记忆和消化，那就轻松多了。

这就是长计划与短安排的道理。

这种做法要求我们制订计划的时候，一定要细致，学会把大的目标分解成小的目标。这些小的目标不能太难，但也不要太容易，是可以推动自己进步，稍稍难一点儿，但又通过努力可以实现的。这样我们既能够建立起信心，又不会太松懈，能够始终保持一定的强度，这对我们的复习才是最有利的。

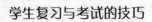

把复习计划细化还有一个好处，就是有利于我们随时调整。俗话说得好："船小好掉头。"如果复习的过程中发现自己的大目标有问题，我们就可以通过一个个小目标随时进行调整。要是一开始的计划制订得太粗疏又太死，那么调整起来就很难了。"千里之行，始于足下"，就让我们从小处开始吧。

现在我们已经学会如何制订复习计划。不过，一个好的可行的计划还只是刚开头而已，我们还要去实施计划，再好的计划如果不能实现，那就变成了一纸空文。

小强最近就遇到了一个难题。期末考试前一周，学校让同学们回家复习，小强把自己的时间安排得满满的，制订了一个很详细的复习计划。然而，还没两天，小强发现要把这计划实现下去还真不是件容易的事。

上午小强安排的是英语复习，主要是复习单词。但还没背上几个单词，小强就觉得有些累了，正好这时候隔壁的小伙伴来找他玩，小强想正好可以出去放松一下，没想到这一放松一上午时间就过去了。上午的任务没完成，也会影响到后面计划的执行，小强为此很是烦恼。

相信小强的烦恼许多同学都有过。那么怎么才能提高自己的自制力，让自己能够按时完成计划呢？

这就需要我们下定决心，给自己定下时间期限，一定要在规定的时间内完成任务，决不拖延，一个任务不完成决不开始下一个，哪怕为此影响到吃饭睡觉。我们在制订复习计划的时候，要把每一项任务都规定好时间，列成日程表。用具体的时间表来督促自己，可以增强我们的意志和行动力，让我们全身心地投入到复习中去。

其实有时候计划没能实现，不是因为我们的能力不行，而是因为我们根本没有去做，或者根本就没有做完。我们一定要有决心和毅力，把制订好的计划踏踏实实地执行下去。

复习确实是一件比较枯燥艰苦的事情，我们也不是说要整天都坐在书桌旁复习。为了更好地完成任务，我们也可以给自己一些奖赏，比如，今天的任务完成以后，可以买份喜欢的零食犒劳一下自己，或者出去好好玩一圈儿。放松以后，回来再接着学习，这样精神劲头会更足，效率也会更高。我们在制订复习计划的时候，还是要给自己留出休息和娱乐的时间，这不是分心，而是为了让我们更好地完成任务。

4．合理选择参考书

近些年，针对学生复习、考试的参考书越来越多。这无疑是一件好事，同学们有了更大的选择余地，为复习、应考带来了方便。可是也有人被这种情况弄得眼花缭乱、头昏脑涨，不知该看什么书好。

为了在考试中获得成功，选择和使用参考书很重要。必须要注意的是，这些书只是参考书，其重要程度远远不能和教科书相比。它们只起到辅助作用，帮助你把教科书掌握得更好。千万不可喧宾夺主、主次颠倒，那样弄不好还会带来副作用呢。

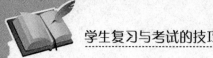

各科的复习参考书虽然名目繁多，但从其内容、性质和特点来看，大致不外乎分为纲要类、习题集类、方法技巧类、工具书类四种类型。

纲要类书是把教科书的知识加以浓缩、提炼，简明扼要地串在一起。这种书条理清晰、内容概括、连贯性强，能帮助学生系统而全面地复习某一科的知识。这种书最适合在课程刚刚讲授完毕时用，而在一门课还没学完时，用处不太大。

习题集类书中搜集了大量的习题，把教科书中的公式、定理、原理等诸方面的知识"习题化"。这类书的特点是，把学生应掌握的知识的重点、难点、基本概念、基础知识以千变万化的形式融入习题之中。学生通过做习题，加深了对这些知识的理解、记忆。这类书可以帮助学生培养解题能力和应考能力，也可以在复习提高阶段使用。

方法技巧类书是讲学习方法和考试技巧的。古语说："工欲善其事，必先利其器。"这类书就着眼于"利器"，而非"善事"。有不少同学之所以考试成绩不理想，不是由于脑子不够聪明，或工夫下得不够，而是由于学习方法有问题，缺乏应试技巧。这样的同学就需要看这类书。这类书主要不是告诉你应当学什么，而是告诉你应当怎样学；不是告诉你主要考什么，而是告诉你怎样去考。总之是讲方法技巧的书，例如怎样开发自己的记忆潜力，如何制订复习计划、考试时如何答题、如何防止失误等等。这类书可帮助考生提高学习效率和考试成绩。

工具类参考书主要是供人查阅的，例如字典、辞典、手册等。

大家常用的《新华字典》《英汉小辞典》《成语辞典》《数学手册》等就是这类书。一般来说，这类书只适于供人查阅而不适于"看"和"练"。

考生在选择和购买参考书时，首先要了解该书的类型、特点、适用范围，要针对自己的学习情况，选择其中较合适的，做到有的放矢。例如有的同学知识学得杂乱，没有系统性、完整性，在刚刚开始全面复习应选择纲要类参考书；有的同学对所学习的知识基本上已全面掌握，但运用和解题能力差，这时就适合选择习题集类的参考书；有的同学学习效率低，觉得自己下的工夫不小，但收效不大，那就最好买一两本讲方法技巧的书看看。总之，选择参考书一定要针对自己复习的阶段和学习进程，千万不可盲目。

有的人喜欢买很多的参考书，认为考试成绩的好坏直接取决于参考书的数量。在有的毕业班里，还存在竞相攀比着买参考书、做习题集的风气。如果每本书都读透了、记牢了，多买些也无所谓，但不少人往往如走马观花一般，表面上看是"读书破万卷"，实际上不到一个月差不多都忘了。与其这样，不如把一本书看精，一遍记不住就看两遍，真正把它利用起来。你应该慧眼识珠，找到一本最适合你的参考书，把它读懂读烂。切不可这本书看两页，那本书看两眼。因为参考书一般都是按体系编写的，浅尝辄止会使你得不到完整的复习。

有时也会出现这样一种情况，就是教科书和参考书对一些问题的提法不一致。在这种情况下，一般应以教科书为准。有极个别的情况是教科书写错了，而参考书写对了，这时应当经老师鉴别核对

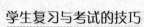

后，以参考书为准。

5. 老师指导记心头

小伟一直都是班上成绩比较拔尖的学生，平时学习都很自觉。自打进入初三下学期以后，小伟就给自己安排了一个很详细的计划，雄心勃勃地朝着考上重点中学的目标努力。小伟学习很有主见，平时的复习主要都是按照自己的计划进行，至于课堂上老师的指导，在小伟看来，主要都是针对成绩比较一般的同学的，对自己的参考价值不是很大。所以，听讲也不是很用心。几个月过去了，班上举行了一次中考的模拟考试，成绩出来后把小伟吓出一身冷汗。小伟这才发现，因为没有听从老师的复习安排，许多基础知识复习得并不好。从此以后，小伟再也不敢不认真听讲了。

小伟的教训告诉我们，复习计划虽然要自己来制订，但并不是说就可以不听老师的指导。在大的复习安排上一定要和老师保持一致，这样既节省时间又能够提高效益。

对于带毕业班的老师来说，他们更是有着多年的备考经验，对历年的考题都非常熟悉，对于学生可能遇到的问题也都非常了解。所以他们会有针对性地指导学生的复习，比如说哪些内容、哪些题型可能是经常会考的，哪些知识点是需要特别注意的。这些经验都是同学们自己不可能具备的。所以，在大的安排上听从老师的指导，比自己单枪匹马地单打独斗要省力得多，既然如此，我们何乐而不为呢？

当然，小伟之前的看法也不是毫无道理。老师的指导主要是围绕大的方面和总的方向来进行的，针对的是每个同学都会遇到的普遍性的问题。具体到每个人，还要根据自己的实际情况，做一些更细致的安排。所以，跟着老师安排走并不等于让老师牵着走。还是要充分发挥自己的主动性，一方面跟老师复习，另一方面又能做到不打乱自己的复习计划。以老师的复习指导为主，同时又要兼顾自己的薄弱环节，做好巩固强化和查漏补缺的工作。在小的环节上，我们要根据自己学习中存在的问题，随时进行自我调整。这就叫"大同步"与"小自由"相结合。

6. 要注意学科搭配

不管是大考，还是平常的考试，都是在几天内考好几门不同的科目。这就意味着我们在复习的时候，也要同时复习好几门科目。那么，我们在制订复习计划的时候，应该怎么去处理不同科目之间的关系呢？

有的同学习惯在一段时间内集中复习一门课，感觉这样可以集中精力，效率会比较高。但其实效果并不好，很容易产生疲劳。比如说，你连续几天都复习数学，表面上看这几天一门心思在数学上，又是看书又是做题，肯定印象深刻，但这只是暂时的，是用心理的疲劳作为代价的，一旦停下来，心理上马上就有一种放松感，前面复习的内容也很容易就忘记了。

不只是长时间复习一门课会这样，就是连着复习两种性质相似的科目时，也会容易疲劳。比如说，学完数学再学物理，或者学完物理后再学化学，效果都不会太好。这是因为长时间连续复习相近的内容，前面的内容会对后面的内容产生干扰，从而影响我们的复习效果。

那么，正确的复习方法应该是怎么样的呢？

简单地说，就是"文理搭配，复习不累"。我们在制订复习计划的时候，应该把数理化这样的理科和语文英语政治这样的文科交错安排。理科和文科在思维方式上不太一样，前者主要需要我们的计算和逻辑的推演，后者更多依靠我们的感性思维和记忆力。它们对应着我们大脑中不同的部分，复习的时候交错进行，就可以让大脑的两个部分轮流得到休息，我们平常叫做"换脑子"，复习的效率自然就提高了。

7. 复习目标按需调整

考前复习是一个相对比较长的过程，如果在这么长的时间里，一直都要保持一个比较积极有干劲的状态，就要随时注意调整自己的复习计划和复习目标。

小彤在复习中就遇到了这样的问题。小彤在班上的成绩不算好。这学期小彤学习更加努力，觉得自己进步挺大。于是，小彤在期末考试前就给自己定下了一个大胆的目标，争取考到班上的前十名。为此，小彤制订了一个很大的很详细的计划，干劲十足地投入到复习考试中去了。

但是过了一段时间，小彤感到有点力不从心了，觉得好像目标定得太高了。虽然自己很努力，但是因为前面的基础不是太好，所以计划执行起来还是有些吃力。现在小彤面临着一个艰难的选择，是硬着头皮上呢，还是调整一下目标？如果硬着头皮上的话，很可能会越学越累，越学越没有信心，如果到那个时候再打退堂鼓，那后果可就很严重了，说不定不仅没有进步，还会退步。经过冷静的思考，小彤决定调整自己的目标，把名次放宽到 15 名以内，这样，她的心里松了一口气，好像吃了定心丸一样。能考到 15 名以内，也是一个很大的进步了。于是，小彤又充满干劲地投入到复习中去了。

小彤的做法并不是放弃自己的目标，承认自己的失败，而是在对自己有了充分的认识之后，及时地调整目标，让这个目标既能激励自己前进，又现实可行，是通过努力可以实现的。我们说：永远对自己要求高一点，但是高到什么程度，还是要量力而行。如果只是停留在口号上，或者过于好高骛远，都起不到鼓励自己、推动自己的作用，反而可能会挫伤自己的积极性。要让我们的目标一直对我们都能起到激励的作用，这样才可以不断进步。

当然，对另外一些同学而言，调整目标可能是把一开始定的目标，再提得更高一些。一个阶段复习下来，如果经过考查（比如说小测验），发现效果还不错，这时候就要提升原来的目标，要求得高一些，不能躺在完成的任务上睡大觉。目标必须有一定的挑战性，

才能起到激励的作用。这也是一种调整。

总之，我们每个人要根据自己的实际情况，学会随时调整自己的目标，让目标始终在前面鼓舞着我们前进，既不能太遥远看不清楚，又不能太近一下子就摸得着。我们在一开始的时候，可以制订一个比较中等的目标，调整起来会比较从容，让自己始终能感受到通过奋斗完成任务的成功感，这样我们才能保持比较大的干劲。

8. 安排时间有诀窍

这个问题其实我们前面已经谈得很多了。比如说平时就要注意复习，不要都推到最后；比如说制订复习计划要注重长计划与短安排，不要想在很短时间内就完成复习计划等等。所有这些，说的都是怎样提高我们时间利用率的问题。

那么，如何才能更好地安排和利用时间呢？其实大的原则只有两条，一个就是尽可能地充分利用时间；另外一个就是要保证这些时间用起来有效率，能够真正转化为我们的复习成果。

关于第一条，比如说，平常生活有许多零零碎碎的时间，都可以利用，在我们复习比较紧张的时候，这些时间也是挺宝贵的。像那些要求我们必须经常记忆的内容，例如公式、定理、单词等等，我们就可以写在便于携带的小卡片上随身携带着，利用排队、等车、坐车等空隙时间进行复习、记忆。把这些"死"时间转化成我们活的学习时间。鲁迅先生说过："哪里有什么天才，我是把别人喝咖啡的时间都用在工作上了。"可见，学会充分地利用时间，抓紧时间是一件多么重要的事。

但是，是不是复习的时间越多就越好呢？这里就涉及我们谈的第二条原则了。关键还是提高单位时间的利用效率，一味地惜时如金，恨不得把所有的时间都花在复习上，并不值得提倡。复习是一个长时间的劳动，如果总是超负荷地学习，大脑得不到充分的休息，身体就会疲劳，精神就会涣散，复习的效果自然就下降了。所以，复习期间一定要注意劳逸结合、一张一弛，复习一段时间后就要稍微做一些放松和休息。我们不能盲目追求复习时间的绝对值，而应该想办法提高时间的利用率。只有在精力充沛的情况下学习，这样每一分钟才会有收获。

复习的时候既然要注意到劳逸结合，那么我们在制订复习计划的时候，时间就不要安排得太满，要给自己留出一定的时间，用来做体育锻炼，或者休闲和娱乐。这样的调节不是让我们完全放松，而是为了精力更加饱满地投入到复习中去。而一旦我们进入到复习的状态中，就要全身心地保持专注，不分心，把每一分钟都充分利用起来。

提高我们的时间利用率，还有一些小窍门。比如说，我们可以根据大脑的活动规律来安排我们的复习。据科学家发现，一般早晨记忆力比较强，晚上思维最活跃，午间人脑最迟钝。根据这个规律，我们就可以有针对性地安排一天复习的内容。在早晨安排一些注重记忆的科目，例如英语、政治等；在晚上安排思维量比较大的数学、物理等科目。

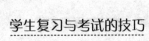

另外，效率的高低和心情的好坏也有很大的关系。在我们心情比较愉快、注意力比较集中的时候，可以安排我们感觉比较枯燥或比较薄弱的科目；而在零星时间和注意力不容易集中的时间，不妨复习自己最感兴趣的课程。

简单地说，在最不要紧的时间里安排最容易做的事，这可以充分提高我们时间的利用率。

为了更有效地利用时间，我们还要学会简化和省略一些"多余的步骤"，扔掉一些不必要的包袱，节省时间和精力，使自己轻装前进。要减少无效的劳动，把有限的时间和精力放在最需要投放的内容上。

最后，也许是最重要的，就是我们始终要保持一个高昂的情绪、良好的精神状态，要以一种乐观向上的生活态度对待周围的人和事，尽可能保持好的心情。在这样的状态下，你会觉得时间过得很快，那你的学习效率自然就很高了。

9. 创造良好的复习环境

我们平时复习功课，大部分时间都是在学校的教室里，大家都在紧张的复习，自然会形成一个很好的氛围。不过，晚上我们一般都要回家，还有期末考前常常也有一段回家自由复习的时间。在家里主要靠自己的自觉，这时候一个良好的复习环境就变得很重要了。

亮亮家里的条件不错，自己有一个小小的房间，亮亮平时在家学习的时候都是在自己的房间里。亮亮把自己的小屋布置得可漂亮了，墙上贴满了他喜欢的球星的海报，桌上还有各种飞机和舰船的模型，因为他一直对军事很感兴趣。现在到了期末复习的时间，亮亮经常把自己锁在屋子里复习功课，爸爸妈妈也不轻易打扰他，吃饭的时候才喊他。不过亮亮发现他一个人的时候，效率可比在学校里面低多了。一会儿摆弄摆弄模型，一会儿又看看小人书，一会儿发现自己的笔记本又找不着了。这样磨磨蹭蹭的，时间很快就过去了，可是自己的任务才刚刚开了个头。

亮亮知道这样下去肯定不行，他觉得自己屋子里的东西实在是太多了，于是决定好好清理一下。那些平时爱看的小人书、摆弄的模型，亮亮把它们都收起来，打算跟它们暂时告别一段时间，等到考试完了以后再好好陪它们玩。至于那些球星海报呢，就先放在墙上也没关系，看看他们还可以激励自己呢。然后亮亮把自己的书桌也好好整理了一下，把课本、资料、笔记都按顺序放好，要复习哪科就提前把这科的各种相关材料都拿到最上面来，铅笔、钢笔、墨水也都准备好。为了提醒自己，亮亮还做了一个"距期末考试还有几天"的倒计时牌。这下好了，屋里一下子显得清爽了很多，亮亮也找到了复习的感觉，很快就进入状态了。

怎么给自己在家里创造一个良好的复习环境，亮亮给我们做了一个很好的榜样。我们在复习的时候，一定要尽量避开那些可能会让我们分心的东西，把我们的精神集中到复习上来。各种复习的材料也要分门别类地放好，不要等到要用的时候再去找。要不然到时候这里找找，那里翻翻，多闹心啊。破坏了复习的情绪，就会直接影响到复习的效果。

我们每个人都可以根据自己的习惯和现有的条件，来安排自己的复习环境。总之呢，清爽和宁静是最主要的，提高自己的复习效率是最主要的目的。如果是符合这样的原则，再加点自己的小创意，让自己复习起来更有精神更愉快，那就更好了。

10. 复习不忘锻炼身体

复习备考的时候，我们经常一坐就是一天，有的同学总觉得出去锻炼身体太浪费时间，结果一天下来，全身都没劲，饭吃着不香，觉也睡得不好。这样复习效率怎么能高呢？

长时间伏案读书，缺少运动，就会出现腰酸背痛、视觉疲劳、肌肉僵硬等问题，还会导致营养物质吸收不良。有研究人员通过实验和观察发现，如果因为考试复习中断了体育活动，几个月后身体的各个器官功能都会下降。这时候再加上紧张的复习，抗病能力很差，不仅很难考出好成绩，还容易引起像感冒、头疼之类的病症。

研究人员发现，大概有18%的考生容易由于过度疲劳、体质下降而病倒。这个数字可不小，大家一定要引起警惕啊。其实，适当的运动不仅不耽误时间，还会帮助我们更好地复习备考。科学家发现，爱玩、爱运动的孩子往往更有创造力，也更加聪明。适当的体育活动能够让我们身体各器官的功能都得到增强，让我们的头脑更清醒，记忆力更强，还能增强抗病能力，帮助我们保持身体的健康。

由此看来，体育运动的好处还真不少。

我们应该怎么来安排一天的体育活动呢？

一般来说，体育活动应该安排在早晨和傍晚这两个时间段。早上要做 10～20 分钟的体育活动。因为我们在睡眠的时候，大脑皮层处于抑制状态，早晨刚醒来时，这种抑制状态不能马上消失，很难一下子进入最佳学习状态。这个时候起来锻炼 15 分钟左右，可以帮助我们驱散睡意，让我们感到全身舒坦有劲，对一天的学习、体力及情绪都是很有好处的。每天下午的课外活动，也应该坚持锻炼 20～30 分钟，可以让我们紧张复习一天后的大脑得到很好的恢复，从而提高晚上的复习效率。

具体的锻炼内容，就看我们自己的兴趣和爱好了，没必要强求和别人一样。只是要以不激烈的较为轻松活泼的运动为好，像散步、慢跑、球类活动、跳绳、拳操等等，这些都是很好的运动方式。锻炼起来强度不要太大，不要让身体过分疲劳，要尽量少参加那些过分激烈的比赛和训练。最后还要注意安全第一，避免运动的伤害。

让我们在轻松有趣的体育活动中，把身体练得棒棒的，你会发现，复习起来更有精神，效率也更高了。

11. 注意消除心理疲劳

复习备考确实是一件比较艰苦、单调和枯燥的事情，很容易产生心理上的疲劳和懒散情绪。复习了一会儿，就看不进去书了，然后就偷点懒，玩上一会儿。如果老是这样，就会越来越懒，就难以取得良好的复习效果。这可怎么办呢？消除心理疲劳，关键是要有自制力。有了自制力，我们才能够做自己的主人，坚定不移地执行预定的计划。

德国作家歌德说过："谁不能主宰自己，便永远是一个奴隶。"我们来看著名数学家杨乐、张广厚是怎么做的吧！作家李准在报告文学《两个青年人的故事》中是这样描述他们如何坚持学习的："他们没有过星期天，没有过节假日。'香山的红叶红了'，让它红吧，我们要演算题。'中山公园的菊展漂亮极了'，让它漂亮吧，我们要学习。'十三陵发现了地下宫殿'，真不错，可是得占半天时间，割爱吧。'给你一张国际比赛的入场券'，真是难得的机会，怎么办？牺牲了吧，还是看我们在纸头上的国际比赛吧！"杨乐和张广厚就是这样克服欲望的诱惑，脚踏实地地在数学事业上不断进取。

培养自己的自制力，不是一件容易的事情。有时候我们要对自己"狠"一点，强迫自己完成复习的任务，然后完成任务后给自己一点小小的奖励，比如说去看场电影，或者去打场球。这样复习就有了动力，就会更加专注。比如我们可以给自己下一个任务，规定自己在45分钟内做完一张试卷，中间不准吃东西、看电视、跟别人说话，这样情绪就能振作起来，而且也有助于做题时形成紧张感和节奏感，对正式的考试是很有好处的。

出现心理疲劳时，另外一种消除的方法，就是想办法让自己的复习轻松有趣一点，进行一些适当的调剂。比如说，我们可以想想自己考完试后美好的前景，或者变换学习方法，让自己的学习更有乐趣。复习过程中适度的休息也是必要的，不要一连学习好几个小时。人的注意力一般只能保持 50 分钟，所以专注学习一段时间后，可以适当休息和娱乐一会儿，听听音乐，出去走走，把它当作对自己学习的一种奖励或者实惠。做做运动，多多与同学朋友聊天交往，也可以消除心理上的疲劳。不过这些休息娱乐的目的都是调剂，是为了让自己能更加专注地投入到接下来的复习中。现在还没到彻底休息和娱乐的时候呢。

如果我们是在学校里复习，看到教室里别人都在发奋苦读，自己也会情不自禁地投入到集体的行列中去，疲劳懒散的心理就会一扫而空。在紧张的复习氛围中，大家要经常互相激励，这对我们打起精神来情绪高昂地进行复习，也是很有帮助的。

12. 克服烦躁情绪

同学们在复习中容易出现的另一种消极情绪就是烦躁。感觉日复一日地复习、看书和做题，老师和家长又总是说个不停，真不知道这种日子什么时候才能到头。真想把这些书、复习资料统统扔掉，好好出去玩儿几天，可惜只能是想想而已。

出现这样的烦躁情绪怎么办呢？其实不必担心，在单调的复习期间，出现这样的情绪是很正常的。如果感觉比较烦，看不进去书，做不下去题，那么就暂时先把它们放在一边好了，不要强迫自己。不如去做些其他活动，比如，体育锻炼，或者做些家务，让自己的

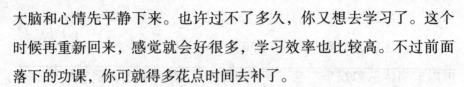

大脑和心情先平静下来。也许过不了多久，你又想去学习了。这个时候再重新回来，感觉就会好很多，学习效率也比较高。不过前面落下的功课，你可就得多花点时间去补了。

日本有一位著名的小提琴老师，叫铃木镇一，他培养出很多的著名小提琴演奏家。据说他的做法是，在小孩自己要求拉小提琴时才开始教他们，在此之前，不管是一个月还是两个月，只让他们看其他孩子拉小提琴。像这样，有了强烈的学琴欲望之后，孩子的进步才会很快。我们的复习也是一样，既然心里烦躁的时候学不进去，那就让这股劲儿先过去，缓和平静下来以后，再重新投入到复习中去。

还有的同学会觉得学习只是为了考试，总是考来考去的，真讨厌！所以，面对一天天临近的考期，他们心里非常烦躁。像这种"厌考"的问题就比较严重了，因为牵涉到对考试的思想认识。这样的同学应当想一想，复习一方面是为了在考试中取得好的成绩；另一方面也是为了巩固所学的知识，增长自己的才干。一分辛苦，一分收获，胡思乱想没有任何意义。只要踏踏实实地学习，功夫总不会白下。

如果你因为考试感到烦躁的话，好好冷静一下，看看自己到底是哪种情况。周华健有一首很好听的歌，叫《最近比较烦》，希望你像歌中唱的那样，"我不烦！"

第三章　这样复习更高效

　　考前复习，在不同人的眼里可能是完全不同的样子。有的同学会认为考前复习很轻松，有的同学则认为考前复习是一项艰巨的任务。同样的复习，为什么在不同学生的眼里会是不一样的呢？除了学生之间存在的个体差异外，有没有掌握科学高效的复习方法也是产生这种结果的重要原因。因此，掌握科学高效的复习方法，就非常有必要了。

1. 把课本当做宝藏

　　德国著名的作家歌德可以说是一个多才多艺的人，他不仅在诗歌创作上取得了光辉的成就，还在植物学、矿物学、光学等领域也做出了一番探索，可正是这样一位能人却说过这样一句耐人寻味的话："我在许多不属于本行的事情上浪费了太多时间。假如分清主次的话，我就很可能把最珍贵的金刚石拿到手。"在歌德看来，如果他全身心投入到文学事业中的话，他会取得更伟大的成就。即便如此，歌德已经是一位伟大的诗人了，他的成就不是一般人能达到的，但他的话包含的道理对我们也有着同样的启示，那就是做任何事情都要分清主次，因为我们的时间是有限的，不要因为一粒芝麻丢掉了一个大西瓜。

那么，对我们的复习来说，什么才是主和次呢？

显然，课本才是最主要的最根本的复习内容，千万不能主次倒置，丢开课本，沉迷于无边无际的参考资料。我们的学习、复习和考试，最终都是指向课本的。课本既是源泉，也是最终的目标。

这个道理看起来很简单，但却往往被我们忽视。我们常常认为课本太简单，匆匆地看一遍以为自己明白了，就开始忙着做各种习题。习题是帮助我们巩固知识的，如果基础知识还没有完全掌握，做习题就达不到效果。有时候一道题百思不得其解的时候，回到课本上往往会恍然大悟，这就说明课本知识才是最根本的。题是做不完的，但是掌握了课本知识，就能以不变应万变，只要不超出课本知识的范围，我们都可以找到解决的办法。

有的同学以为课本内容很简单，那是因为他没有仔细认真地去读。那么，应该怎么去读课本呢？

首先，课本的目录就很重要，因为这里面包含了知识的基本结构和线索，从每一章到每一节，涉及的是各个知识点之间的相互关系，这是从大的方面说；从小的方面说，课本里面涉及的每一个知识点，每一个概念，每一条定理，甚至于正文下面的注释，都不能轻易地放过。有些内容在各种习题中出现得比较少，但并不代表就不重要，考试的时候就不考，所以一定不要有任何遗漏。

　　课本中一些关键的概念，一定要反复去领悟和体会，比如说物理一科，就经常会出一些基本概念的题。多项选择题中，对一个概念的解释，也许两个选项间只有一字之差，但这里面却有了实质性的不同。所以复习物理，千万不能只做题，一定要重视基础概念，重视概念中的关键词句，这就要求我们反复地看课本，把这些概念搞懂搞透。

　　不要以为看课本是件轻松的事，实际上如果你真的会看，会发现要做的事多着呢。比如，课本上的例题，都是很典型、很有代表性的，它们的重要性不容我们忽视。

2.　构建知识的网络

　　我们强调，考前的复习是一种系统复习。系统复习就是要把学过的知识组织成一个系统，搞清各个知识点之间的关系，那么，怎样才能做好系统复习呢？

　　大家一定看过蜘蛛怎么结网。蜘蛛都是从一个点开始，然后吐丝结成一条线，线与线之间就织成了网，系统复习就是像蜘蛛那样，从点到线，从线到面，把知识点编织成一个知识的网络。我们所学的任何课程，都不是知识点一个个的罗列。它们都有各自内在的联系，好的复习就是要去发现和掌握这个结构。我们学会了编织这些课程的知识网络，就等于把握住了它们的知识结构，复习起来就会轻松多了。

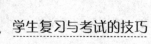

如何在整个知识体系的基础上掌握知识点呢？可以分以下几步下手：

第一，读书、联想，透彻理解知识点中的"关键概念"。例如，在理解物理电磁感应一章中的自感现象时，"自感电动势的大小与磁通量的变化率成正比"，其"关键概念"为"变化""率"这两个词。所谓"变化"，就是指它跟磁通量的大小无关，磁通量再大，没有变化也就没有自感电动势的产生。所谓"率"，也就是单位时间内变化的多少，即变化的快慢。这样，我们就很容易理解下面这两个曲线的道理。

有的时候，我们甚至可以进行跨学科联想。例如，物理中楞次定律说"感生电流的方向总是阻碍磁通量的变化"，为何说是"阻碍"，而不是"阻止"呢？这就是说它要尽量减小引起磁通量变化的势力的影响，然而却不会完全消除它。

第二，关键的概念弄清楚了，我们就应该把理论与实践相结合，解决些具体题目了。不适当地做些题目，想要真正学好数理化几乎是痴人说梦。尤其对数学，做题就显得更重要了。像"不等式""方程"等章节就要求我们必须做一定数量的练习。当然，做题也并非越多越好，盲目地跳入题海，这样有时会搞得焦头烂额、事倍功半。关键还是要思考，要真正地动脑子。

在做题之前，同学们可以先看一些有讲解的例题，分析理解它所体现的原理和方法，然后自己做题时也试着应用，一方面巩固自己对知识的理解，另一方面也能通过自己解题时的症结引发思考，从而促进和推动对知识的应用。例如解一道数学方程式时，我们就会想到求根法、等量代换法、三角法、数形结合法、拼凑法等一系列的方法。我们要努力培养自己的发散思维，用多种方法去解，然后从中挑选出最合适的方法。"一题多解"是一个促进能力增长的好法子。

总之，通过若干个看题－做题－思索－总结的过程之后，就能达到理论与实践的"相长相生"。

第三，学完一个或几个知识点之后，停下手来，在大脑里认真地过一遍关键概念有哪些，这些概念的内涵和外延是什么，会出现哪些典型的题型，各种题型如何去解，要注意哪些事项，和以前的知识有什么"亲缘关系"，又有什么异处。这样我们就把这个知识点编入了我们的整个知识网络之中，或者说，这个知识"节点"就有机地生长在了整个"知识树"上，将来面对有关问题就能游刃有余，灵活作答。

另外，在掌握每个知识点之后，都应在本子上做一个小结，整理一下知识梗概、难点。最好能准备一个"疑难问题详解本"，把自己做错的题或者颇费一番周折才解出来的很有价值的题整理一下，自己的感悟、收获都可以写上。

我们经常说，理解是记忆的钥匙，要对知识有深刻的记忆，就需要对知识先有一个深刻的理解，这个道理大家都懂，但要真正做到可不容易。我想，同学们肯定都有这样的经验，凡是自己弄懂的内容，记起来就容易，就快；凡是自己还没搞明白的，记起来就格外费劲。所以，我们复习的第一步就是要把记的内容一点点搞懂搞透。上课的时候一定要认真听老师讲，比如说公式、定理的推导，

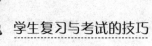

只有我们搞清楚推导的过程，我们复习、记忆起来才会轻松自如。再加上我们平时多运用多练习，这些公式、定理慢慢地就成为我们知识的一部分，想忘还忘不掉呢！

有的同学觉得理科的记忆主要靠理解，文科就只有死记硬背，其实这是不对的。文科的知识也要理解、运用，现在文科的考试也很少考纯粹靠死记硬背的内容了。文科也要求学生把学过的知识灵活运用来分析和解决问题。

比如说，政治课上确实有一些基本的理论原则需要记住，我们要在分析问题的时候学会运用这些基本的理论原则，运用的过程中我们就理解了它们，这样不用背也能记住了。

又比如，历史课中的事件、人物和年代，有些确实是需要记住的，但是重要的是把这些"死知识"灵活地运用到对问题的分析和对事件的解释上，在此过程中将它们熟记，用一位同学的话来说，这就叫"死去活来"。

英语更是如此，一个个孤立的单词和句型，平时除了记忆以外，最重要的是要学会经常运用和练习，用得越多，记得就越牢。

我们说理解，不仅是针对已经学过的知识，还有就是学会在新知识和旧知识之间建立起联系，这也是理解很重要的方面。

前面说了这么多，大家也一定看出来了，理解和运用不可分。有许多看似枯燥无味的知识，在运用的过程中就变活了，也变得有意思了，自然就容易记住了。不管是数学公式定理，还是英语单词句型，都要经常运用。就像我们学骑自行车和游泳一样，等到我们运用自如，达到都不觉得自己在运用的程度，那就是真正掌握了，也就真正记住了。这样记住的知识是最牢固的。

3. 只记必须记住的

我们在复习的过程中，要记很多很多的东西。许多同学一想到要记那么多内容，心里就犯嘀咕，还没上战场就打退堂鼓了，这样可不行。其实，记忆也是有窍门的，也不是什么内容都要死记硬背的。只要我们掌握了正确的方法，养成良好的习惯，不仅不用担心记不住，还会从中找到乐趣呢。

又到期末考试了，小宝发现要记的东西还真不少，数学公式定理、化学方程式、英语单词，还有政治理论，一大堆东西都等着小宝去背，真是愁啊！他恨不得变出三头六臂，把这些东西一股脑儿地全装到脑子里。没办法，牢骚归牢骚，还是要花时间、下工夫。于是，小宝的复习时间就被安排得满满的。几天下来，记也记得不少，可是这脑子真有点吃不消了，头昏眼花。

小志是小宝的同班同学，又是邻居，两个人平时老在一块玩。这些天因为要复习考试，小宝整天待在屋里，也没怎么见着小志。今天小宝出门想透透气，迎面就碰见小志。看他的表情，一脸轻松的样子，倒让小宝感觉有些疑惑。

小宝就问他复习的情况，小志说："差不多了，应该没啥问题。"小宝更加纳闷，那么多考试内容，背得我头昏脑涨，难道小志这么轻松就都记住了？难道他有啥秘诀不成？看着小宝的表情，小志心

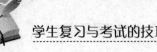

里猜出了几分，就主动问了问，小宝于是大倒苦水。小志笑了笑，就对小宝说："难怪你愁眉苦脸的。哪有那么多东西要背啊？是你自己给自己加了好多负担啊！"这一句话好像一下子把小宝惊醒了，后来又听小志的一番解释，小宝这才明白了，原来自己做了好多无用功啊！

小志的话是什么意思呢？原来，我们学过的知识，都是相互联系的，只要我们理解了知识之间的相互关系，并不是所有的都需要死记硬背。有很多知识是可以运用我们的理解推导出来的。比如说，数学里面的三角函数公式，我们只要记住了其中的一两个，其他通过推导就可以得出结论。不只理科是这样，文科同样如此。就拿政治来说，有一些基本的原理我们当然要记住，但是这些原理下面更小的知识点，我们只要理解了大概的意思，并不需要逐字逐句地背下来。关键是要学会举一反三，从基本的知识点中间推导出其他的知识点来。

复习的时间本来就很短，在有限的时间里掌握大量的考试内容，除了要靠平时的积累和练习，学会更有效率地利用时间也是很重要的。俗话说："好钢要用在刀刃上。"如果不分主次地什么考试内容都去背，那效率多低呀！想什么都记住实际上也是行不通的，反而会让好多该记的没记住。

捷克有一位大教育家叫夸美纽斯，他说过一句话："尽量少要学生去记忆，这就是说，只记最重要的事项，对于其余的，他们只需领会大意就够了。"我们给自己的记忆负担越小，记忆的质量就会越高。所以我们一定要分清轻重缓急，把那些最基础、最重要的内容牢固地记住，而那些不常用的或者可以由基本的内容推导出来的内容，不必非记不可。对那些虽然重要但只需领会大意的，也不必一字不差地背下来。总之，不记那些无关紧要的，是记住必须记住的。

上面说了只记必须记住的，其中另一层意思当然就是，该熟记的一定要熟记。

那么，该熟记的都包括哪些方面呢？这里面包括一些基本的概念、公式和定理、常用的数据、英语的单词，等等。虽然我们不断强调理解对于记忆的重要性，但是也不得不说，有些内容确实是需要死记硬背的，或者说需要把死记硬背作为一种辅助手段来强化我们的记忆。特别是到临考前的一两天，强化一下这些要熟记的内容，还是很有必要的。

要熟记的内容，可能因不同人、不同科目的不同情况而有所不同，这里只是举一些需要熟记的例子，供大家参考。比如说，数学、物理里面一些常用的数据，有些数据可能老师不会特别强调要熟记，但是如果我们熟记的话，在考试过程中直接拿过来用，会极大地提高我们的解题速度，像15度角的三角函数值、常用勾股数等等。

还有化学，它虽然属于理科，却具有文科的特点，需要我们记很多知识点。比如，常见元素的性质、应用以及与之有关的化学反应过程和方程式，这些都需要熟记在心，然后在记忆的基础上进行充分的理解和灵活的运用。对于记化学方程式，我们可以边记边回忆生动的实验现象，根据实验来记忆化学方程式常常最有效。

英语单词和词组一直是记忆的重点。我们要背一些常考单词的读音。还有考试说明上的词汇表，包括单词和词组。背词组，可以

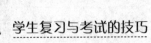

结合例句或者上下结构来背，最好再背一些基本句型。对于常用的句型、惯用法，没有什么好办法，只好死记硬背。记得越准，做题把握越大；记得越多，考试中得的分就越多。

另外，还有像语文课里面的文学常识，重要字词的读音和解释等等。对于这些比较零碎的知识点，我们平时就要多积累，多花些工夫，可以把它们制作成卡片，没事就拿出来翻一翻，背一背，时间长了，自然就记住了。这样到临考前再强化一下，基本上就没问题了。

那么，熟记要熟记到什么程度呢？打个比方来说吧，从我们想到一个知识点，到我们完全把它想起来并想清楚，这中间的时间越短越好，最好就像镜子的反射一样，好像没用什么时间似的。如果能够达到镜子反射一样的忆起速度，说明那些知识和本领已经完全属于自己了。

4. 板块记忆不易混

考试的时候，有些同学常常会出现记错、记混、张冠李戴的现象，明明可以做对的题目结果做错了，事后懊恼不已。如果我们在复习的时候多注意一些，这样的问题是可以避免的。

我们的记忆就像一个仓库，记得牢，记得清楚，就好比仓库里面摆放得很整齐，可以随时从中调用我们需要的东西。记混、记错，就好比我们从仓库里面拿东西的时候拿错了，拿混了。所以，我们要时刻注意检查一下我们的"记忆仓库",看看"知识"是不是都放得整整齐齐,有条有理。要知道,越是零碎的知识点越容易记混,这就好像仓库里面乱七八糟堆作一团一样。所以,一定要把知识点放在一个结构,一个板块里面来记,知道它的上下左右、前前后后,这样才不会出错。

这里给大家讲一个故事。东汉末年,有一个著名的文学家叫王粲,他的记忆力非常好,在朋友中间很有名。有一天,他和朋友们出游,看到一块石碑,朋友们都知道他记性好,有心考考他,就让他看看碑文,然后背出来。王粲看了一下碑文,转过身就背出来了,朋友们都惊呆了。还有一次,王粲看人下棋,不小心碰乱了棋盘,下棋的人很恼火,没想到王粲凭着自己的记性,很快就把棋盘摆出来了,令下棋的人大为惊讶。

王粲的记性为什么这么好呢?他的窍门在哪里呢?原来王粲用的是一种"板块记忆法",这是一种大段大面积的记忆方法,它不是一点一点地去记,而是把要记的内容组成一个个"板块",储存在脑子里。

王粲非常好学,平常就留心记忆,在他看碑文之前,他脑子里已经存了很多碑文,这些碑文都有一些模式,每一种模式就构成了一个板块。遇到新的碑文时,把新的碑文和以前记的碑文板块对照和联系起来,有一些是属于相似或者相同的,有一些是不一样的,这样就大大减轻了记忆的负担,所以很容易就背出来了。王粲记棋盘也是一样,他本来就精于棋道,脑子里记了很多棋谱,这些棋谱就构成了"板块",新下的棋很多走法和以前棋谱都是差不多的,所

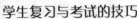

以很容易就记住了。

虽然我们现在要记的东西和王粲记的东西已大不一样了，但是道理却是相通的。我们应该像王粲一样，平时脑子里就多储存一些"板块"，比如说，我们要多记一些题型，平时多练多用，如果我们已经记住了很多题型"板块"，那么遇到新的题型时，就很容易记住了。这样到了考试的时候，即使没有出现完全相同的题型，一般也是在原来题型的基础上变化而来的，解答起来就会很有把握。还有像英语中的句型，也是一个道理，平时多记多用，遇到新的句型自然就会把它和我们以前记的联系起来，就会很容易记住。

掌握和储存了很多"板块"，就像打仗时备足了粮草一样，心里有底气，就什么也不怕了。不管是我们平时积累各种"板块"，还是把新的"板块"和以前记的联系起来，其实都需要我们开动脑筋，把知识点互相联系贯穿起来，这样既会帮助我们记忆，又会让我们的记忆充满乐趣。想想遇到一个新的题型或句型，正好可以和以前记的题型句型联系起来，那是多有意思的一件事呢！

有时候记混还跟我们的学习习惯有关。一般来说，记混都是在学习内容相近的情况下出现的。如果我们在同一段时间内总是复习同一门课程，记性质相同或者相近的内容，就会出现这种情况。我们前面说"文理搭配，复习不累"，记忆也是一样的。假如一个上午的时间全部用来记英语单词，那不记混才怪呢。一定要注意各种记忆内容的搭配，背一会儿单词，再记一会儿化学方程式，这样换换脑子既不会感到疲倦，也不容易记混。

另外，还要注意休息，注意记忆之间间隔时间的安排。如果记忆之间间隔的时间太短，那么前后记的内容就很容易相互干扰，考试时就容易记混。在这个间隔时间中，可以安排其他的复习活动，也可以用来休息。

有的同学总是担心复习时间不够用，所以每天花很多时间在记忆和背诵上，结果脑子里一团糨糊，特别容易记混，其实这样是很不科学的。我们只要记牢到一定程度，不用每天都去记和背，只要隔一段时间检查温习一下就可以了。

总之，我们一定要掌握科学的记忆方法，让自己在脑子比较清醒的情况下进行记忆，这样才会有效率，才不会记错记混。

5. 记忆命令有奇效

如果说复习是一个比较艰苦的过程，记忆就更加考验人的意志了。特别是那些需要死记硬背的"死知识"，又枯燥又难记，看着就让人昏昏欲睡，要把它们记住，还真得有一点毅力和决心呢！

为了给自己鼓劲加油，锻炼自己的意志，我们有时候需要给自己下"记忆命令"。比如说，我一定要在10分钟内把这一组单词都记住。下了决心之后，我们就会把注意力集中起来，全心全意、一鼓作气地完成任务。这就好比在我们大脑里面的"记忆板"刻下要记的内容，只有我们全神贯注、集中精力，才能刻得准、刻得深。你会发现，记一个东西也并没有那么难，关键是要有决心、有意志。

有一位同学，他为了记住一些比较长、不好记的单词，就在上

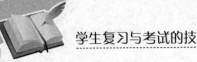

厕所的时候，强迫自己去记，如果记不住，就不让自己走出厕所门。为了要早点离开气味不太好闻的地方，他就要集中精力，全力以赴去记。结果没想到，记忆效果奇佳。后来，他养成了个习惯，一去洗手间就在脑海里记一些比较难的内容。

还有一位同学，他发明了一种"手掌记忆"法，为了记住一些比较重要的单词的发音和拼写，他把它们写在手心上，强迫自己在洗掉音标或单词前把它们都记下来。于是，他就不停地张开手来看，反复地去记忆，效果也不错。

当然，我们并不提倡这种"强迫记忆"的方法，关键还是要看自己的决心和毅力。这里只是为了说明只要有毅力，我们记忆的潜能是很大的，很多看似很难的内容其实都能够记住。

最后还要说明一点，我们这里说的主要是短时间内的强化记忆，并不是说记住以后就不用再去复习了。记任何东西都不可能一劳永逸，一定要经常、反复地复习。只有这样，它们才会真正地留在我们的大脑里。

6. 归纳联想效果好

在记忆的过程中，学会归纳和联想是很重要的。学会了归纳和联想，我们就能把一组知识点串在一起，这就好比我们手中有了一个绳子，等到我们回忆的时候，一拎绳子就全部都想起来了。这不是比一个个单个地去记要轻松多了吗？

我们就拿背单词来做例子。英语课中背单词是一项不可少的工作，也是大家都比较头疼的事情。其实，学会了归纳联想，背单词、背词组就没那么难了。

归纳联想，就是用读音、拼写或者意思来做我们手中的那根绳子，把相近的放在一起来记，也可以把相反的放在一起来记。这样就把大量的单词归纳成一些单词组，不仅记起来效率高，而且对每个单词的掌握也会更透彻。平时我们就要做这样的工作，学习新单词的时候，我们又不断把这些新的单词登记到已经归纳整好的单词组里，每登记一个新单词，都等于把这个单词组又复习了一遍。不断地积累下来，我们就会对这些单词掌握得越来越透彻，记得越来越牢。

其实，不光是英语单词，记化学方程式也可以用这个办法。遇到那些原料相似，但反应结果却不大一样的实验，为了避免混淆，就可以把它们归纳在一起，在对比中记忆。对那些相互关联或者同属于一个工业生产过程的化学反应，也可以把相关的方程式归纳起来一起记忆。

我们要注重日常总结，把这些方程式编组，抄写在自己的资料库中经常复习，也便于查看。就像我们前面说的，归纳联想可以帮助加深我们对要记的内容的理解，从而让我们记起来更轻松更牢固。至于怎样去归纳，那就要看我们自己的本事了，只有自己归纳的东西印象才最深，别人是帮不上忙的。

7. 培养题感好处多

我们知道，考试的时候时间总是一定的。为了保证我们把试卷做完，把题目做对，就需要我们提高做题的速度，这里说提高速度并不是让同学们匆忙行事，而是要在保证正确率的情况下尽可能地快速完成熟悉的题目。所以，对于那些简单题和中档题，我们平时就要通过反复的练习来积累题感，这样才能在做题的过程中更加得心应手，应对自如。

什么叫"题感"呢？就是我们在做题的过程中积累起来的一种经验和感觉，看到类似的题目不需要按部就班地一步步演算，就能很快解答出来，特别是那些选择题，有时候甚至不需要知道确切答案，就能把答案选出来。

如何来培养"题感"呢？要培养题感，就要把各门课程当做一个完整的体系，牢牢地掌握在手中，就是我们前面说的把知识"系统化"。要学会分解一个题型中包含的各个要点，去思考这些知识点是如何融合到题目中的。其实，所有的题目都是从这些最基本的东西中分化、发展出来的，如果一眼就能看出出题人想考的知识点，那么这道题就迎刃而解了。

就培养题感的练习而言，我们要注意以下三个方面：一是解题的正确性，二是解题的速度，三是解题的心理状态。如果这三个方面都能做好的话，考试自然就会得心应手了。不过，"题感"不是一天两天就能积累起来的，这需要同学们坚持不懈地努力。成功没有捷径，机会只会给有所准备的人，只有在平时好好积累，掌握解题的方法，培养题感，才能在考试中获得成功。

培养题感，还需要我们做一定量的题目作为基础。俗话说得好，"熟能生巧"。没有大量的练习是不够的。不过，要培养题感，闷着头做题是不行的，一定要边做边思考。只有通过思考，掌握了某一类型题目的解题思路，才算是"熟"了。掌握了规律，才能"熟能生巧"，否则，题目做得再多也没有用处。

我们在考前复习的过程中，除了对学过的知识进行系统总结外，还要做很多题，只有通过做题，知识才能转化成我们的能力。题目做多了，考试时看到题目，解题的方法就会自然地反射到脑子里。不过，题目是不是越多越好呢？

盈盈就不这么看。盈盈平时做的题并不多，但她的成绩在班上却一直名列前茅。有的同学做很多很多的题，效果却并不理想。他们就向盈盈讨教，盈盈也乐于帮助同学，她的回答是："粗做十题，不如精做一题。"盈盈拿出她的一本参考书给大家看，大家惊讶地发现，里面居然好多题目都空着，另外一些题目旁边却写得密密麻麻。看着大家惊讶的表情，盈盈笑着说："我只选那些有代表性的、难度适中的题目认真做，做一道是一道，通过几道题目，就把这一类型的题目都搞懂搞透。其他差不多的题目，看一眼大体知道思路就可以放过去了。因为现在的参考资料，许多题目都是大同小异，没必要一道一道做。只要有选择性地精做一些就可以了。大家不要看我做题做得不多，可是我花在做题上的时间也并不少啊。关键是要自

己懂得选择和思考，不是盲目地做题。"听了盈盈这一番话，大家都有些恍然大悟的感觉。

像盈盈这样，才叫真正懂得怎么做题。如果不管什么样的题，拿到手就做，花了很多时间，效果却不好。因为有很多都是在机械地重复。复习的时间本来就很宝贵，一定要用在刀刃上。所以，那种以为做题越多越好、"眉毛胡子一把抓"的"题海战术"可是要不得的。

当然，要在茫茫题海中精选出有代表性的题，也不是件容易的事。每个人要根据自己的实际情况和考试的具体要求，自己开动脑筋去思考。比如说，那些考自己薄弱环节的题，可能就要多做一些。大体上，要注意品种齐全、难易搭配、粗做和细做结合。每一类型的题选若干道中等难度以上的精做，其余相同类型的题粗做即可。我们做题做到一定数量的时候，就要在质量上下功夫了。只有这样，才可以又快又好地提高自己的解题能力。

8. 正确对待难题错题

小鹏对数学很感兴趣，平时就喜欢钻研数学题。在他看来，课本和一般参考书上的题目都太简单了，做起来不过瘾，没什么意思。于是他就找一些很难的题目来做，像竞赛试题什么的，有时候为了解一道难题把自己弄得茶不思饭不想，但是解出来以后就会特别得意。小鹏这样做出了很多难题后，心里就有些飘飘然了。

很快要期末考试了，数学一科在小鹏看来，只是小菜一碟。可是，最后成绩一下来，却远远低于小鹏的预料。小鹏心里很不服气。不过，他后来冷静下来仔细分析了一下，才发现是自己因为平时太不注重基础知识，反而在很多简单的题上丢了分。题目虽然简单，但是因为平时缺少训练，基础不够扎实，再加上粗心大意，所以错了不少。小鹏从此明白了基础的重要性，再也不花那么多时间在难题上了。

其实，我们的考试大部分题都是侧重于基础知识的简单题和中档题，真正的难题只有30%。所以，我们在复习时，也要把主要精力放在基础知识上，通过基础题和简单题，来熟练扎实地掌握基础知识。对于基础不是很好的同学，对难题要学会放弃，只要能做好做对简单题和一部分中档题，就能拿到不少的分数。而且，简单题涵盖的主要是基础知识，解题的方法也比较典型，只要做到一定的数量，都是不难掌握的。与其花大量的时间来做那些比较难的题，不如把精力主要放在简单题和基础题上。

即使对那些基础比较好的同学，也不是说难题做得越多越好，要根据自己的情况适量地去做，前提是不会影响自己对基础知识的巩固和掌握，像小鹏那样，就有些得不偿失了。再说，许多难题也是由若干的简单的小问题组合而成的，可以分解成若干个简单题，基础越扎实的同学，往往也越会做难题，道理就在这里。

另外，还要注意的是，难题不等于偏题、怪题。对那些超出课本和考试范围的偏题怪题，不要在上面浪费时间，那对于我们的复习没有好处。我们说的难题，主要是一种综合题，考察的范围并没

有超出我们学习的内容，只是覆盖的知识面比较广，要求我们把学过的知识，综合起来加以运用。有条件的同学，可以适当地多做一些这样的综合题，通过做综合题来进一步让自己的知识更加系统，这样可以培养自己综合运用知识的能力。这对我们的复习也是很有帮助的。

正确对待难题，对同学们提高复习效率有很大的帮助。除了难题外，如果能够做到巧用"错题本"，则对同学们的成绩提高有着更明显的作用。

北京四中是一所重点中学，每年都有很多学生考上北大、清华。这所学校的老师和学生有一个法宝，那就是"错题本"。从初一开始，老师们就提醒学生，平时一定要注意自己各科学习中做错的题。曾经担任北京四中副校长的刘长铭老师，一再告诫学生们："错题本是个宝！一定要有！"

不只是北京四中的学生，许多成绩很好的同学，在谈到他们的学习经验时，都会不约而同地提到"错题本"。为什么他们这么看重"错题本"呢？"错题本"真的有这么大的用处吗？

不管是在平时的复习过程中，还是在各种各样的考试中，我们都要做大量的题。成绩再好的同学，也不可能保证每一道题都做对。那么，怎样对待那些我们做错的题呢？是做错就算了，还是好好认真总结呢？答案显然是后者。如果我们没有认真总结，以后遇到类似的题还会犯错误，那就太可惜了。其实，许多同学也都明白这样的道理，可是因为平时不重视，做错了的题就丢在脑后，不去理它，对老师的错题讲解也抱着无所谓的态度，也不仔细听，等到考试时碰到同样问题的时候，后悔已经来不及了。

如果我们平时就注意把做错的题记下来，做一个"错题本"，那情况就大不相同了。不只是记下来，我们还应该记下每道错题自己犯错的原因、应该注意的问题，最好把原题、错解、正解、出错原因、启示等五方面都做详细的记录。特别是那些考试中做错的题，更要认真分析总结，不要知道成绩就算完事。有了这样一个"错题本"，我们在下次考试前好好翻一翻，再出现类似的题目我们肯定就不会放过了。只有在错误中不断汲取教训，不断改正自己，才能够不断进步。

有些同学可能会觉得做一个"错题本"太花时间了，其实在我们经常犯错误的地方多花点时间是应该的。我们在复习的时候，对于那些我们已经完全掌握的题目，大概浏览一下就可以了，把时间节省下来，去攻克那些我们还没有完全掌握的错题，这样才能提高我们的时间利用率，提高我们的复习效率。

还需要提醒大家的是，不只是数学这样的理科需要"错题本"，语文课也同样可以制作"错题本"，比如说，对那些容易记错、写错的字词，我们就可以做一个"常见错字表""常见易误读音表"。"错题本"没有一定的形式，只要有利于我们的复习，能够帮助我们进步就可以了。

9. 旧试卷的用处大

我们前面讲过复习时"错题本"的重要性，对于临考复习来说，

以前的旧试卷也是一个宝贝，是一笔值得好好珍惜和利用的财富。

我们手中的各种测试和模拟试卷，基本上都是老师乃至整个教研组精心挑选和设计的，卷子上的题目都非常有意义。所以，我们要认真对待这些试卷，注意整理。可以说，做完一张试卷，仅仅是完成了一半的工作，只有对这张试卷上的内容进行归纳和整理，才可以说是完成全部的工作。

临考前翻阅旧试卷有很多好处。首先翻着这些以前的试卷，我们不禁又回到了以前考场上的氛围，这对我们克服临考前的紧张情绪是很有好处的。其次，就像我们刚才说的，这些试卷上的各种题型，都有很好的参考价值，很有典型性，考前再好好研究一下，可以让自己熟悉知识，熟悉方法，保持思维的灵活性。另外，翻看旧试卷，还要认真看看自己做错过的题，看自己究竟错在哪里，弄清楚错误的原因。通过考前的再次提醒，加深自己印象，可以避免再犯同样的错误。

准备中考的同学，最好一进入初三就养成试卷随做、随发、随整理的好习惯。整理旧试卷可以"野蛮"一点，不妨用剪刀和胶水对试卷进行"解体"和"重组"，把做错了的题目、内容有新意的题目、知识点掌握不牢固的题目从试卷上剪下来，贴在事先准备好的笔记本或者装订成册的旧卷子上面。

整理的过程中，题目要注意进行分类和归纳：不同科目要分开，要及时地对题目进行标注，特别是做错的题目。整理完后要参照卷子进行复习，临考前把已经整理好的各科试卷中的精华习题再看一看，想想自己在之前的考试中出现了什么问题，是不是已经解决了。

这是考试前最后查漏补遗的机会了，我们一定要好好珍惜利用。

这么说来，这些旧试卷的用处还真不小，平时一定要好好保存，不要一考完就随便扔掉。

10.　自己出题考自己

今天是期末考试前最后一节化学复习课，每个同学都早早地坐在了座位上，等着王老师在课上做最后的复习总结。上课铃声响了，王老师走上讲台，宣布了一个让所有人都大吃一惊的决定。王老师让每个人自己出一份期末考试的化学试卷，附上答案，这份试卷就作为这次期末考试的最后成绩。班上立刻炸开了锅，从来都是老师出题，还没听说过学生出考卷呢，大家都有些兴奋。

王老师微笑着看着大家，说出了自己的一番道理："今天就让大家都当回老师，尝尝出试卷的滋味。不过这可不是闹着玩，让大家出试卷，也是为了考察大家的知识水平。要出一份高水平的试卷，首先你自己就要达到一个比较高的知识水平，对不对？如果你自己都没掌握，怎么去考人家呢？而且，一份好试卷，要基本涵盖主要的知识点，题目要难易适当，要能考出考生的水平来。看起来有趣，其实可不轻松。只有把这学期的课程内容掌握透彻了，才能出好这份试卷。"同学们平静下来了，不过每个人的眼神中都闪出跃跃欲试的光芒。

给自己出试题，是一种很好的复习方法。就像王老师说的，出试题实际上是对自己学习效果的一种检验，而且用这种方法，我们会感觉到复习变得不那么枯燥了，我们不是被动地跟着老师转，而是学会了自己做主人，复习起来更有动力了，目标也更明确了。为了出好一份试卷，我们对各个知识点都要有透彻的理解，对那些重点和难点尤其要下一番功夫。抱着这样一种动力和目标去复习，效率自然就有了很大的提高。

当我们开始动手出试题的时候，我们就临时扮演了老师的角色，就能体会到命题的种种门道。这道题考的是什么，要点在哪里，设置了什么陷阱，我们在琢磨这些问题的时候，是不是对老师的出题思路有了更深的理解了呢？以前做过的许多题，是不是有一种豁然开朗的感觉呢？等到我们真正上考场面对试卷的时候，面对那些试题，我们感觉肯定不一样了，我们肯定更加有信心有把握了。

给自己出一份试卷是一种很好的复习方法，不过也要花很多时间，同学们要根据自己的时间和复习进度的安排，量力而行。如果没有时间出一份完整的试卷，学着给自己或者同学有针对性地出几道题，效果也会不错。有了出题的经验，我们自己做题的时候，也可以有更高的眼光，去分析这道题是怎么出的，考的是什么，出得好不好，如果是我，我会怎么出。这样不仅有意思，对我们提高解题能力也很有好处。

11. 提问有助于复习

小海是一个性格内向的孩子，平时不大爱跟人说话，遇到不懂的问题向老师和同学们请教，就更难为情了。期末复习的时候，小海总是一个人在那里埋头苦干。

有一天，小海复习数学的时候碰上了一个难题，怎么想也想不明白，这部分内容老师上课讲解的时候他就没怎么弄懂，也没及时向老师和同学请教。到了复习阶段才发现问题的严重性。小海心里又着急，又难过，但又怕被别人看出来，面红耳赤。

坐在旁边的小飞看出来了，就很主动地上前去询问，正好这部分内容小飞掌握得比较好，便很耐心地给小海讲解。很快地，小海就知道自己的问题出在哪里了，把这一块知识弄懂了，才舒了一口气，脸上也露出了笑容。小飞通过这么一番讲解，对这一部分知识点理解得也更加透彻，又帮助了同学，心里面也很高兴。从此，小海像变了个人似的，遇到问题就主动和同学们探讨，既及时解决了问题，和同学们的关系也越来越融洽。

复习是一项长期的劳动，像小海以前那样，总是一个人埋头钻研、冥思苦想，效果肯定不好，问题得不到解决，还会影响自己的学习情绪，心里面很容易产生疲劳。其实，向别人请教并不是什么丢人的事情，谁会在学习过程中永远一帆风顺呢！我们能看到很多例子，那些成绩优秀的同学，许多都是提问高手。复习的时候经常向老师请教，和同学讨论，显然比一个人单打独斗更有效率。而且在请教和讨论的过程中，既能互相启发，又能交流思想、增进友情，达到共同进步的目的。

如果碰到问题不及时请教，不懂装懂地拖延下去，或者抱着这部分内容不会考的侥幸心理，等到考场看到试卷，发现"天啊，这个问题我还没问呢",后悔也来不及了。所以,复习的时候遇到问题就要马上解决,我们可以准备一个问题记录本,一有问题马上记下来,碰到老师或成绩较好的同学就问,再将结果记到本子上,这样就有了一笔宝贵财富,就像前面的"错题本"一样。这个问题记录本,记的都是学习中的薄弱环节,考前翻翻它,可以理清思路,增强信心。

学习成绩好的同学,也不要觉得给别人讲解问题会占用自己的复习时间,小飞就是很好的榜样。给别人讲解问题,会发现自己是不是真明白,如果讲不下去或者被问得卡住了,那说明自己还没有真正掌握。通过这种方式检验自己的复习效果,发现问题并及时解决,岂不是一件好事?而且给别人讲一遍也可以使自己更加熟练地掌握知识,对知识的印象更加深刻。这样看来,帮助别人同时也是帮助自己,既能学透知识,又融洽了同学关系,提高了复习质量,何乐而不为呢?

12. 测验也要认真考

除了期中、期末考试之外,我们平时还会经常做一些测验,而在中考这样的大考前,这样的测验就更多了,几乎是每周都有,有时候考得都让我们烦了。不过,可别随便应付这些测验,虽然不是正式的考试,但还是要认真对待。

许多学校在进入复习阶段,经常采用"以考带练,以练带考"

的办法，各类考试不断。我们确实很容易产生疲劳和厌倦心理。不过，有句话说得好："只有把现在的测验当大考来做，才能把将来的大考当测验来做。"你想，只要我们对待每次测验都像对待"大考"那样认真，那么每一次测验都会成为我们的一笔财富。我们每个人都经历了那么多考试，积累了那么多经验，真正到考试的时候，早就是久经沙场的老将了，还有什么可怕的呢？"大考"对我们来说，就像平常的测验一样，当然就不会有什么紧张的感觉和发挥失常的现象了。

每次测验对我们的复习都起到了检验和诊断的作用。我们通过测验了解前一段时间自己复习的效果，看到了自己在知识掌握和应试心理方面还存在哪些问题，这些都是很重要的，值得我们好好总结。每次测验和模拟考试，都是发现问题和积累经验的好机会，怎么能不好好珍惜呢？

另外，有些同学把模拟考试看得太重，有时候因为模拟考试没考好而对考试失去信心，这也大可不必。模拟考试的失利只是前进中的一个小挫折，真正的较量还要看最后。本来模拟考试就是为了发现问题的，出了问题是好事，这样我们还有时间去好好总结。其实，许多同学在模拟考试中没考好，但在最后的考试中却取得了骄人的成绩，这样的例子很多。所以，我们一定要正确对待模拟考试。

当然，模拟考试发挥出色也不必过于陶醉，千万不能麻痹大意、放松复习。对于测验和模拟考试，我们看重的不是分数，而是踏踏实实地从中发现问题、积累经验，为我们的考试打下坚实的基础。

13. 全面重点两兼顾

临考复习属于强化复习，它和我们平时的复习还是不大一样。具体有什么不同呢？简单地说，可以归结为八个字：保证全面，重点出击。

首先就是要保证全面，绝不能有任何遗漏。如果考试中因为该复习的内容没有复习到而丢分，那该有多亏啊。临考复习，从头再来一遍肯定是不可能的。所以我们要好好利用以前的复习成果。我们先前做的许多复习总结这个时候就派上用场了，也许是一个复习笔记本，也许是几张图表，也许是一个错题本等等。总之，凡是我们平时认真系统总结的成果，我们这个时候都要好好利用，它们是高度"浓缩"的复习总结。这样我们在考前冲刺阶段，就可以在较短时间内抓住知识要点，实现全面系统复习各科知识的目的。

另一方面，那就是要好好利用课本了。复习的时候可能难免会有些遗漏，有些偏差，这个时候我们就要用课本来检查一下，看看有没有这种情况发生。通过阅读课本，把基础知识再过一遍。许多同学到复习的最后阶段还在大量做题，实际上做题很难保证把知识点都覆盖完全，因为在数学、物理这些理科方面，确实有一些知识点在题目中是出现得比较少的。所以，这时应该对照课本和考试说明，把知识点再过一遍，保证不要有遗漏。

另外，阅读课本也会帮助我们把知识再做一番系统的总结。看课本的目录标题，看自己平时勾画的重点，来一科一科地回忆复习的内容。特别是目录标题，就像一条线索一样，把各章节各个知识点联系起来了，这样我们在回忆的时候，就能很快地在脑子里形成一个完整清晰的知识网络。

在阅读课本的过程中，如果发现有遗漏或者生疏的地方，也不要心慌。首先你应该感到庆幸，幸亏自己在考试前发现了。再者，即使有一点遗漏或者生疏的内容，肯定也不会很多。这说明通过这么长时间的复习，绝大部分内容你是掌握得很好的，复习的目的基本上已经达到了。已经掌握的内容可以一带而过，剩下的就是重点解决这些还比较薄弱的环节，这就是我们说的重点突击。通过考前的重点突击和补充，这些漏洞是完全可以被弥补的。

另外，临考前还可以做一些强化记忆的工作，因为短时期内会见效比较快。比如说重要的概念、公式、定理，重要的词汇和语法规则，重要的历史事件，重要的理论和观点，都可以做一些强化的记忆，加深和巩固印象。这样考试用到的时候就可以手到擒来。

最后还要说明一点，临考前不应该再大量做题，但这并不是说不需要做题。做适当的题目还是有必要的，这样可以保持对题目的熟悉。要是上考场手太生，就会非常紧张。如果是参加中考，适当地做一些模拟题，让自己适应和熟悉中考的氛围，也是很有必要的。但最后阶段做题跟前面复习时做题还是不一样，最后只要做一些基本的、典型的题，而且量不要大，主要是为了保持熟悉，避免手生。

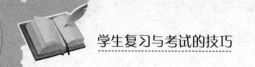

14. 最后冲刺很关键

复习了那么长时间，没几天就要上考场了，这个时候还要不要复习呢？是彻底放松几天，是按照以前的习惯接着复习，还是要做一些调整呢？这些问题都是很重要的，直接影响到考试的成绩。

首先要肯定的是，现在还没到彻底放松的时候。相反，这个时候更应该加把劲，做最后的冲刺。这时候应该是把以前的复习内容做最后的系统总结，看看还有没有什么漏洞。所以，最重要的复习材料是课本。再好好地细读一遍课本，结合前面的复习，你会发现知识在头脑里面已经形成了一个比较系统的体系，回忆起来特别清晰，那么恭喜你，说明你真的得到一次可喜的飞跃了。

除此之外，老师最后的提示和总结也非常重要，一定要细心听讲，细心体会。因为这里面往往会涉及考试的重点和具体的范围，都是很有针对性的。

上面说的都是平常的期末考试或者期中考试，也就是我们前面说的"小考"。那么，对于中考这样的"大考"呢？

还有一个非常重要的复习材料，就是考试说明，或者说考纲。考试说明一般都是由教育主管部门颁发，其中对各科的考试内容、范围、形式，试卷的难易程度，试卷结构和题型，都会有清楚详细的说明。我们应该尽可能地对考试说明从头到尾、逐字逐句地阅读，对照自己的实际情况，找出自己的强弱项，以考试说明为标准来复习。

　　如果有条件，看看能不能借到或买到前一年的考试说明，将两年对照起来看。一般来说，考试说明不会有特别大的变化，但是有一点变化都是要特别注意的，因为这些变化都是今年考试方向和内容的提示，可以从里面推断出中考的命题方向。

　　一般来说，临考前再做大量的习题效果不大，这个时候应该把注意力转到课本和考试说明上，对照已经复习过的内容，结合发现的漏洞和做题的经验，做最后的强化复习。由于前面已经做了充分的复习，所以这个时候很容易把自己提升到一个新高度。

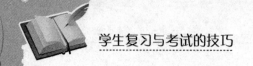

第四章　分科复习有对策

分科复习，方法一定要科学。运用符合自己实情、拥有自身特色的学习方法无异于为自己找到了一条登上成功之峰的捷径。在这个问题上要注意以下三点：一要认清学科特点，明白学科特点是学好这些科目的首要前提；二要充分利用学习的时间，同时还要提高学习的效率，只有学会提高效率才能使我们在学习中如虎添翼；三要有学习兴趣，兴趣是学习的最好老师。有了兴趣你才会有学习的激情，才会有主动性。

1. 科学安排分科复习

是不是所有的学科都可以用同一种方法来复习呢？不是的，每一门学科都有不同的学科特点，每一门学科都有不同的归属类型。查一下学校课程表，很容易就发现各个学科被分到了几个基本的范畴中：

基础类：语文、数学、英语。

其他理科类：物理、化学、生物。

其他文科类：历史、地理、政治。

分科复习要注重基础知识的积累和落实，同时多关注生活、关注社会、关注知识在实际问题中的应用。要认真研究各个学科的特点，这是分门别类、各个击破进行复习的基础和前提。

根据学科将相似的课程归为一类并没有什么不对，但是如果你关注一下一门课程所要求的思维方式和学习方法，就会有另外不同的分类结果：

第一类：语文能令人跳出现实而编织对世界的感性图景和理解；英语打开了地球另一端的人类生活之窗，强调语言性；政治有令人超越一般门类限制，有超越性的知识与概括能力；历史使人有在回溯性知识中认识现实的能力。地理助人理解地球与宇宙的渊源，拥有探索未知的能力。

第一类是强调语文的学科。都是词汇组成，都需要通过阅读来获取有效信息，关键就在于有效信息在哪里，如何掌握。

你可能有过这样的经历：随意走进一家拥挤的商店，漫无目的地闲逛。很多人可能都有过，但不可否认那都是在浪费时间。其实毫无目标地阅读课本同样是浪费时间。你必须要知道你为什么阅读，要阅读哪些内容，阅读完之后要回答哪些问题……带着这些问题你再去阅读就会完全不一样，首先就要回答"我阅读这些内容的目的是什么"。

第二类：数学能训练人的系统性并能拥有良好的数量科学工具；物理则更具严格性和细致性，其专门性比较突出；化学强调构成性，用分子和物质说明一切；而生物具科学性，能为人自身的心理与行为作出解释。

第二类学科都非常强调数学。数学本身是一门学科，在这些学科中，最强调的就是学习让你能解答习题的技巧。大体来说，需要获取的信息没有文科那么多，而且使用的语言也不是很相同，不是那么多的词汇，更多的是数字和符号。

很多人对这些抽象的学科都没有什么兴趣。最有趣的抱怨就是："在日常生活中，二元一次方程式有什么用呢？"如果你不是一个在数学方面很出色的学生，很可能就对自己不能理解某个公式或习题的解答技巧感到郁闷。如果你看完书本中的例题，也能照葫芦画瓢地解答后边附带的习题了，但是对你来说这个方法还是一个你只见过几面的陌生人，这种情况其实更糟。

重要的是在学习这门课程的时候，你要知道自己在做什么，最终你要理解为什么用这样一种方法、这样一个公式就可以解出答案。你不要认为你不"擅长"数学，其实你只是用错了方法。你在学校学习的成绩如何只是反映出你学习的态度和方法如何，而不是你的能力怎样。

除非你是学习所有学科的天才，否则，你会发现学习这两类需要完全不同的技巧和技能。比如说学习怎么写作文和学习怎么解一道数学题，需要的是两套完全不同的思维方式和技能。所以你绝对不要试图去用一种方法去复习所有的学科知识。

人的大脑兴奋程度是呈现抛物线形的，在兴奋一段时间之后必然产生疲劳。因此每次学习的时间应控制在一到两小时之内，这样才能保证学习的效率。并且在复习过程中应该注意混合搭配，也就是交叉安排学习内容，文理搭配。

从科学用脑的角度来看，把以思维为主的内容和以记忆为主的内容搭配起来，能收到更好的复习效果。要注意学习内容的交叉，如果长时间重复学习某一门课程，很容易使大脑皮层产生抑制，并且知识吸收会出现饱和的状态，因此各学科应交叉起来进行复习。文科与理科不应该完全割裂开来，而应当将它们互相搭配来安排复习，比如数学复习一段时间可以改复习语文。因为理科重逻辑思维，文科重形象思维，不同的思维方式交叉使用，有助于相辅相成，更好地克服心理疲劳，提高复习效率。

分配好各学科的复习时间。要正确处理各学科在复习时间分配上的矛盾，对自己实力较弱的学科或自己认为考试难度较大的科目，要放到优先的位置，在时间安排上尽量分配学习效率高的时间和较多的时间；相反地，对自己比较擅长的科目可以少花一些精力。在复习阶段，切不可搞"单项突进"，但并不是要各科平均用力，自己的薄弱学科要认真复习，自己占优势的学科也要加以巩固。因为最终考试结果是各科综合实力的大较量，放弃任何一个学科或在考试中出现很差的学科都是不明智的。

把握最佳学习时间，提高复习效率。每人都有一个最佳复习时间，在情绪不高时，安排复习难度较小的课程；在最佳时间安排复习那些难度大，或感兴趣的课程，总体效率会提高许多。

复习时要把重点放在基础知识的掌握上。不要一味地做难题、解生题，要多看知识点、易错点、丢分点，看看知识网络，记一下概念、公式，看看例题，练练习题，查漏补缺，把要考的各科都回顾一遍。

2. 语文复习的诀窍

语文是考试的主分科，不论是从考试的分数比重来看，还是从语文的基础性和复杂性来看，搞好语文复习都是非常重要的。对于不少同学而言，进入复习阶段，往往感觉语文复习没有头绪，不知道从何下手。

语文学科的特点是知识覆盖面广、要复习的内容多，既有死记硬背的知识，更有在此基础上灵活应用的内容。语文是工具，学习语文的目的在于应用，这是教学大纲的基本精神，也是考试的重点发展方向。所以进行复习也必须把握住这一根本宗旨。

语文基础知识的巩固是语文能够取得好成绩的前提，而巩固基础主要有两个步骤，就是梳理和巩固。

梳理就是要了解自身实际情况。自己什么题答得好，什么题得分低，原因是什么等要一清二楚，以便查缺补漏。更重要的是分析每类题的命题意图，掌握解题思路。任何试题只是同学们分析考点的例子，每个考点的试题都有相应的命题及解题规律。

同学们在复习时应该在基础类和识记类内容的复习上落实以下几个方面。

多音字和字形。字音中，注重复习多音字，但没必要在声调上继续花费精力；字形中，侧重形似字、同音字的复习。

常见虚词。例如"不管""尽管""即使""虽然""抑或""无论"等连词、介词要特别重视。

在复习时，不能停留在对具体题目的分析阶段，更重要的是能明确每一类试题的考查要点和出题意图，掌握相应的解题思路，这是语文复习的最后阶段力求达到的境界。其次针对考点：浏览所有考点，力图清晰构建知识能力的整体体系，明确考查范围，查找复习缺漏。

在日常的学习中，你肯定已经有了很多知识的收获和积累。那么在复习阶段巩固已取得的成果可以说是现阶段复习的重要内容。比如语音、字形、成语等，日常的学习过程中都进行了大量的练习，但是解答这些试题只掌握一些分析方法是不行的，必须有一定的词语积累为基础，所以要不断地复习巩固。

类似的还有文言文阅读，重在考查文言实词、文言虚词的积累。要经常复习一些做过的文段，在词语的不断重现中达到掌握词语意义及用法的目的。还有那些考查范围非常明确的考点，比如名句名篇的默写，一定要能流畅背诵规定的古文及诗词，并理解相应的内容，做到可以灵活运用其中的句子。

语文考试中的作文，占有很大的分值。因此，作文的复习也就显得尤为重要。作文水平的培养重在平时积累，但到了复习阶段也不是就不管作文了。作文复习也应及早下手。从复习一开始，就要把写作水平的提高作为语文复习的重中之重来抓，经过一定时间的写作训练，考试中写出一篇合乎考试要求的作文肯定是能够达到的。

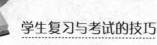

　　小峰的语文成绩在班上一直名列前茅，特别是他的作文，每次都能拿到高分，在班里大家都叫他"小作家"。同学们对他又是钦佩，又是羡慕。羡慕是大家觉得小峰作文写得好，是因为他有文学天赋，那是学不来的。语文老师蔡老师听到了这个说法，就特地安排一节课，让小峰自己在讲台上讲一次，讲讲他是怎么写作文的。

　　不过，小峰的演讲却让大家都有些出乎意料。小峰不仅不承认自己有什么文学天赋，还拿出了一个写得密密麻麻的笔记本，说这是他写作文的"百宝箱"。写作文还要做笔记？这是大家都没有想到的。

　　小峰的"百宝箱"里都装了些什么呢？

　　原来，小峰平时就很爱看各种报纸、杂志和一些文学书籍，看到好的文章和段落，他就随时摘抄下来，没事的时候就拿出来翻翻，在阅读别人好文章的过程中，慢慢培养自己的文字感觉。这主要是为写记叙文准备的。小峰的"百宝箱"里面，还有一部分是一些名人名言，还有有趣生动的各种事例，这些都是为了写议论文积累的素材。加上平时关注一些国家大事，难怪小峰的议论文也写得那么生动活泼。

　　除了这些，"百宝箱"里面还有好多小峰平时自己写的作文。蔡老师每周也会要求同学们写一篇作文来练笔，有各种各样体裁和风格的要求，然后选出几篇范文来讲解，每次都有小峰的作文。许多同学觉得自己反正也不是那块料，练笔都随随便便应付一下，而小峰却是每次都一丝不苟地完成，而且从中收获了很多。不仅如此，小峰还经常给自己改作文，同样的题目他会把别人写得好的文章拿过来，和自己的进行比较，看看别人的好在哪里，自己的差距在哪里，然后在吸取别人优点的基础上修改自己的文章。

小峰的"百宝箱"里面还准备了一些范文，各种文体的都有，这样他考试的时候碰到什么样的作文题，心里都有数。有些特别好的句子他都能背下来，需要的时候可以随时用上。原来小峰作文里面的那么多好句子，也不都是他自己想出来的呀！

听了小峰的一席话，同学们都赞叹不已。没想到小峰为了写好作文，平时做了这么多的准备，难怪他每次考试作文都能拿高分。同学们对小峰更加钦佩了，对提高自己的作文水平也有了信心。看来，只要平时下功夫积累和准备，作文水平也是可以提高的。作文不仅要复习，而且还要花不少心思呢。

小峰的作文复习方法给了我们一些启示，具体地，提高写作水平有五大途径：一是文眼审题，二是篇章结构谋思，三是语言表达，四是材料组织，五是范文揣摩。在复习阶段，要特别重视审题训练和材料积累。

拿到一道作文题或是一段材料，首要任务就是审题。审题至少应从以下几个方面着手。

看清题目。有一道考试作文题是《发现》，许多同学没有看清楚题目，或是理解错误，写成《发明》，无论后面写得怎么样，都不可能得到高分。

吃透内涵。例如某作文题是"耐力"这个话题，这个话题借助鸽子和骆驼两个意象展开，并通过进一步的比较和诠释，加以更深的展开。一般来说，这个话题更贴近我们的实际生活，应该更能激

起同学情感的共鸣，因为小到解答一道题，大到对学习生活的体验、对以后人生的憧憬，都可以与"耐力"这个话题关联。但在写作过程中有些同学在对概念的内涵把握上却出现了偏差，将"耐力"与"耐心""忍耐"等混在一起，写起作文来也就不会那么贴题了。这些都是由于对材料审视不够、审题不清、内涵没有吃透造成的。

明确要求。看清体裁、字数、拟题要求。这时最重要的是拟题。许多人只把话题当文题一抄了之，不知匠心独运重新拟题。

总之，审题不能像扫描一样一目十行，而应该是工兵排雷式的点滴勘察，"审题不误作文功"，要字字看清，句句落实，找关键词，找重点词，然后按重要而准确的指令去写作文。

要想写出好的作文，就需要同学们在平时有足够多的材料积累。分析近些年的中考、高考这样的考试后发现，话题作文是作文考查的主要形式。作文命题更加贴近学校、贴近生活，诸如读书学习、社会交往、人生思索等，再细化一下也就是关于读书、友谊、鼓励、自信、合作、真诚、平等、关爱、探索等方面的话题。

如果平时不注意积累，即使话题作文的写作范围较广，我们也只能泛泛而谈、不着边际、天马行空、人云亦云、内容空洞、落入俗套。所谓作文要"广阔有边"，就是说既要放得开又要收得拢。所以我们不能只是大量地写写练练，而不注重积累。低质量的重复只能导致江郎才尽。积极的做法是注重有意识地积累，并将积累的材料分门归类，到时我们写作可以顺利地去材料"仓库"选取了。

例如：精彩的文题——

《家乡的水土孕育了家乡特有的文化》

　　文化是溱湖竞渡激越的浪花，是元宵灯会跳跃的色彩，是孤山粗朴的叫鸡，是茅山绵长的号子；文化是梅兰芳挥出的长长水袖，是乡间艺人留下的串串朗笑，是泰兴的木偶，是靖江的讲经，是人生如戏，是戏如人生……文化是屋前潺潺的小河，是邻家憨厚淳朴的老汉，是小巷湿漉的青石板，是悠久深沉的历史遗迹；文化是流淌着的昨天、今天和明天。

　　又例如：优美的语言——

　　我并不关心你在哪里生活或者你拥有多少金钱，

　　我想知道，在一个悲伤、绝望、厌烦、受到严重伤害的夜晚之后，

　　你是否重新站起，为孩子们做一些需要的事情。

　　我并不关心你是谁，你是如何来到这里，

　　我想知道，你是否会同我一起站在火焰的中心，毫不退缩……

　　当然方法还有很多，如联系教材，联系古诗，联系名著，联系名言，总之要积累。

　　除了审题训练和积累素材以外，还要多进行实际的作文练习。

　　我们在日常生活中，有些学生很会说话，口若悬河、滔滔不绝，然而在写作文时却绞尽脑汁，写不出多少内容来，究竟原因何在？因为在日常生活中"说"的机会较多，几乎不费多少力气，但"写"的机会很少。光说不写，怎能提高写作水平呢？

　　要经常动笔练习，另外还要在作文中多注意非智力因素的作用。长期以来，老师在指导学生写作文时过多强调"内容"的作用，往往忽视了"形式"对内容的反作用力。其实，在快速、紧张的考试

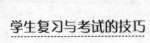

阅卷中，作文的外在形式非常重要。具体而言，"文题"应自拟，尽量不要使用材料所给的"话题"做题目，这也是作文的要求之一。题目力求观点鲜明、语言简洁、形象有力，能"抓"住读者的目光。作文开头应开门见山、语言准确有力，结尾应干净利索、余味无穷。当然，任何重视都有个度，这是在作文有"内容"的前提下重视"形式"。在阅卷快速、紧张的形势下，同学们一定不要忽视非智力因素的作用，重视则事半功倍。

3. 这样进行数学备考

数学备考容不得半点虚假，也不可能蒙混过关。比如说文科很多主观题都存在一些模棱两可的因素在内，也都存在一个仁者见仁、智者见智的问题，但数学就基本上没有这个问题了——对就是对，错就是错，没有什么争论和分歧。数学是讲究精确的，容不得一点含糊。

或许就是从这一点来说，数学更要充分复习才能在考试的时候做到游刃有余。

很多考生认为数学要得高分必须采取题海战术，专家对此观点并不认同。备考数学不需要做很多题，做题要从基础题目中选择，保证对数学基本知识的全面掌握，如果着重抠难题偏题，反而会限制自己的思路。

数学学科的考察重点在于考察思维、考察逻辑推理、考察利用已有的知识解决实际问题的能力。在数学复习中，要特别注意对例题和课本习题的充分利用。

在学习例题时，很多同学往往认为例题很简单而一看了之，或者只是机械地记忆解题过程，这样不仅不能充分发挥例题应有的作用，而且妨碍解题能力和思维能力的提高。

一般说来，例题是典型的具有代表性的题目，例题的解答过程是运用理论解决具体问题的过程。例题的作用很大，不仅能帮助复习巩固基础知识，而且能培养你由一般到特殊的演绎推理能力，反过来又能加深对基础知识的理解。例题的解答方法也往往是典型的重要的方法。学好、学会、学通一个例题往往能掌握解决一大类问题的方法。

因此要特别重视对例题的潜力挖掘。

在学习过程中要充分利用例题，一要课前认真读例题：上课前要认真预习将要学习的内容和例题，在读题的基础上，了解题意，搞清题目所给的条件；还要研究书中的例题是否能够一题多变，用变通的角度去看例题，这样不仅激发探索兴趣，还能提高创造创新能力。二要在课堂上认真研究例题，寻求解题思路：课本中有些题目的解题思路不易想出，其解证方法孕育在发现结论的过程中，数学归纳法部分尤为突出，因此要追溯得出结论的过程，从而找到解题思路；不仅要弄懂还要学透例题的解题思路，掌握重点、把握难点，为解题能力的提高奠定基础。三要课后分析例题：课后要从新的角度去重新审视、分析例题；找出能够沟通条件和结论的路线，从而理清解题思路，弄清解题的方法和步骤，不断提高思维转化能力。

在考试前的复习阶段更要重视例题的潜力挖掘：考试复习要归纳压缩知识，要把课本由厚变薄。要真正做到这一点，就需要充分利用例题了。要弄清全书有几章几节，每节有几道重点例题。对书中的例题做到心中有数之后就是进一步熟悉例题了。熟悉例题的最好方法就是抄写并认真研究题型。解题思路明确后，要用严格的格式、准确的数学语言写出题目的解答，这对于培养同学的数学表达能力是非常必要的。用心的解答例题并对照书本中的规范步骤来进一步规范自己的解题思路，并养成习惯，那么考试时候就会做到得心应手了。

另外要在解题之后进行小结。在题目解答完毕后，首先要剖析题目中的各种条件的作用。思考去掉或改变这些条件会引起什么变化，特别是逆向变化，然后对有多种解法的例题，要把各种方法加以比较，从中选优，还要注意运用题目的结论寻求解题的规律和技巧，对有些例题还应注意随着知识的增加而逐步加深和拓展。

行之有效的小结是学习数学不可缺少的一部分，但也是容易被忽视的。通过总结可使你准确掌握知识和解题方法。通过"一题多解"和"一题多变"可培养你的发散思维能力，使你得到规律性的方法，达到举一反三的目的。

纵观多年来的数学题，有相当部分的题目是对课本习题稍加改动，甚至就直接源于课本习题。因此我们一定要注意深入挖掘课本习题的功能，充分发挥其作用。解题时不要就题论题，不要题目解答完了思路也就断了，而应该把思路延伸下去，从习题的各个方面进行类比、联想、推广。

同学们在复习数学中一定要重视基础。有的辅导人员认为要在考前将数学课本上的题都认真做一遍。我们认为课本上的习题不必全部都做。你要把课本作为一本"字典"，在看辅导书时，遇到不懂的地方，再从书本上找出它的本源，以便自己理解。

数学试题"源于课本"，就要求重视应用课本，重视课本中的基础知识和基本方法。既要重视习题，更要重视内容，重要的定义、定理不但要掌握，还要掌握相关的数学思想方法。回到基础，放弃题海，既减轻负担，又能取得理想的成绩。

"以纲为纲，以本为本"，并非说试题都是课本题目的再现，还有"高于课本、活于课本"的含义。这就要求你对基础内容有较深层次的理解和把握。为体现这一精神，一些试题将课本知识作了综合性处理，即在知识网络交会处命题。因此在复习时，不但对每个知识点要掌握，还要注意知识的纵向与横向联系，注意代数知识与几何知识的联系，挖掘课本内容的深刻内涵，编制和构建高中数学知识网络体系。

充分利用课本里面的习题，还要求转变复习应考观念，不但重视概念和结论以及方法的要点，还要重视知识的形成过程，领悟每一个定理公式结论的来龙去脉，掌握它的使用条件以及推演过程中体现的数学思想方法、可能达到的效果、需要注意的事项等，以达到用老方法解决新问题的高度。

数学考试试卷中有近80%的试题考查基础知识、基本技能和基本思想方法，对它们需要做必要的适度的练习，就可以保证得到基

础知识的分数。搞题海战术和超量练习，不仅耗时费神，而且可能过扰不及，考试时也不会得到更多的分数。

曾有一位来自西北的高考状元说，她复习的时候基本上没有买过什么参考书，就是老老实实做课本上的题，做老师发的题目，一样考上了名牌大学。

一到复习阶段，很多人都开始不停地做这样那样的习题，有老师布置的，有家长买来的参考资料，还有同学推荐的习题集。然而在题海中鏖战却未必会取得很好的效果。有时候一道题明明以前做过几遍，到考试时候还是忘记怎么解题。一位考入清华大学的同学向大家贡献了自己独创的一套"符号复习法"，能够充分发挥所做习题的功效。

考试复习阶段，必然要做一定数量的练习题，毕竟数学是重在解题思路、逻辑分析的学科，只有经过一定的练习，才能更好地掌握所学的知识。怎么样才能让做过的每一道题都发挥应有的作用呢？

首先将题目分类，若是一般性的，自己没有做错的题目，就放在一旁；虽然自己做对了，但觉得题目设计很好，可以打个"#"；由于题目的陷阱，或是自己思路有误的题目，就打个"&"；自己几乎没有什么思路的题目，打个"*"。这样将题目分类之后就非常有利于下一轮有重点的复习了。

对于标有"*"的题目，一定要反复练习、认真研究，仔细思考解题的方法和技巧，一定要把问题彻底弄明白，要做到下次遇到同类题目的时候能够很快解答出来。对于标有"&"的题目，当时明白自己错在哪里了，下次再练习时，要提醒自己不要再犯同样的错误。

"符号复习法"针对不同的题目标出不同的符号，给予不同的对待，就做到了有针对性有重点地复习，真正做到了有的放矢，提高了复习的效率，复习效果自然好了。

4. 英语复习的一些技巧

英语基础知识的复习要以课本为纲，按照知识之间的内在联系，将它们进行分类整理。

在这个过程中，要注意以新带旧，使所学的知识形成系统，总结出规律性，这样才能融会贯通，也才能把知识转化为能力。

应以课本为主要教材，在老师的带领下深入挖掘教材中的语言知识，巩固语言基础，对课本中反复出现的语言知识进行科学归类和巧妙整理，找出其中的规律、抓住线索。复习知识是为了运用知识，而网络化的知识更便于运用，更有利于学科能力的培养。

只有经过对所学的教材进行层层挖掘才有希望把知识形成网络。这对其实现知识向能力的迁移有重要的影响，有利于实际运用能力的提高，并在应考中运用自如。

在使新旧知识网络化、系统化的过程中，应力争使知识以点带线、以线带面、以新带旧、以旧促新。深入挖掘课本中的经典词句，按照考纲的要求和考题的思路设置成练习题，这样既能巩固重点语言知识，又能深入理解考题的出题思路和解题技巧。

复述记忆和提高英语阅读能力是英语复习最值得注意的两点。

复述是理解课文的重要方法，是积累运用语言的重要途径，是进行思维训练的有效手段，也是一种好的英语学习方法。

复述不仅可以加深记忆，还可以强化学习动机。把读过的、学过的东西凭记忆复述时，就能把注意力集中在学习上，积极地进行学习。还能树立短期的学习目标，从而激发学习的热情。通过复述可以了解自己的进步情况，从而明确下一步的学习重点，不致盲目地平均分配精力，从而使学习的目的性更强，效率更高。

复述还是有效训练听和说的方法之一。听完英语文章试着说出主要内容和归纳中心，分析层次结构和思路。这是一种特殊的训练听和说能力的方法，既简单易行又科学。复述可以很好地帮助你习得他人的语言。复述还可以帮助你为较好地进行模仿打下基础。要先把别人写的说的用自己的话说出来，才有可能学习说自己的，连别人说过的都说不好，又怎能灵活地说自己的呢？

各种形式的复述，比背诵更能积极地训练你的语感，比背诵的思维强度更大，能更好地把握英语课文内容，掌握书面语言。复述采用的是将书面语言化为自己语言的形式。这一"化"的过程，能使语言更快地被积累起来。而背诵存在较多的机械记忆因素，完全代他人说话，没有自我，便缺乏语感，不利于语言的转化吸收。

朱熹提倡熟读精思，要求读时"使其言皆若出于吾之口"，思时"使其意皆若出于吾之心"。这种重视语感积累的诵读方法，对于提高你的语文能力具有重要的基础作用。复述则可望达到"使其言皆若出于吾之口""使其意皆若出于吾之心"的目的。

要顺利完成复述的过程，你必定要经过重新思考、重新整理信息和重新组织语言的思维过程，这是很好的思维训练方式，也是一种很好的想象力的培养，更是词汇的积累和熟练应用过程。

英语阅读是英语学习的一个重要组成部分。要提高阅读能力，首先要掌握一定的阅读技巧。提高英语阅读能力，对于大多数学习英语的人来说，是一个非常重要却又相当困难的学习过程。

英文阅读理解涉及词汇、句子、段落和语篇四个层次的理解问题，而其中最根本的是对词汇的理解。

词汇是语言的基本构成元素。如果掌握的词汇量太少，读一篇文章就会出现处处是生词的情况，当然就不知所云了。文章根本不可能读通，更不要说理解了。英语阅读理解的关键则在于真正读懂文章，而词汇是构成语言的基本元素，所以掌握一定量的词汇是很重要的。

句子是语言表达的基本结构。读懂每一个句子表达的意思是真正读懂一段话、一篇文章的基础。要快速、准确地理解一句话的含义，至少涉及三个层次的问题。一是理解句中每个词汇的意思和相关的词法，二是理解句法结构，三是理解句子和上下文的关系。其中，理解词法和句法结构则是句子水平阅读理解的关键。词汇是构成语言的基本元素，而语法则是词汇构成语言的规则。掌握英语语法，并能把自己的英语语法知识熟练地应用到英语阅读实践中去，这是提高阅读理解能力必须具备的基本功。

培养阅读能力，还要掌握一定的阅读方法和解题技巧，并有效地指导阅读并提高效率。

首先要确定文章的体裁。文章的内容不同、体裁不同，在阅读时使用的方法也不一样。比如在阅读说理性强的文章，可以遵循"主题—发展—结局"的规律，抓住文章的论点和大意；而记叙文应该理清事件的来龙去脉。

其次要以意群为阅读单位。一个意群为一个阅读单位，不要一个词一个词地读，那样不但速度慢而且容易影响对整体内容的理解。从大的角度来看阅读整篇文章能够更好地理解文章的意思，阅读速度也会更快。

最后要学会结合上下文的意思来推断生词的意思。很多时候不论你掌握了多少单词，你都可能遇到不认识的生词，这是很自然的，那么如果这个词并不影响阅读理解，你可以跳过不去管它；但有时候这个词很关键，需要大概的意思，那么就要求能够结合上下文、整篇文章的主旨和生活常识、文化背景来推断这个词的意思了。另外可以根据构词法来推断生词的意思。英语构词法主要有派生、转化和合成三种。熟悉这些对推断生词很有帮助，比如可以找出前缀、后缀、词根等来推断整个词的意思。

一旦具备了真正的阅读理解能力，再加上一些实用的应试技巧，那么解答考试中的阅读理解题目还能有什么困难可言呢？

在英语复习中，还要注意进行听力的复习和训练。在考试复习的中后期，同学要解决好几个问题，即了解考试的要求、自己的实际听力水平、要达到自己的目标需要做哪些工作以及如何使效果最好等。

复习最为重要的一点就是复习的针对性一定要强，不要再去考虑如何打好听力基本功，这个时候的复习要从实际的考题要求出发。真正地了解自己的薄弱环节在哪里，同时自查以前的听力复习方法是否正确，然后有的放矢地去复习。

学生在英语考试中应该确定听力拿一个高分的目标，因为听力得分相对比较容易，而且在分值上它相当于英语知识运用和阅读理解的英译汉两种题型。每个人都应该根据自己考试的整体复习时间和学习任务给听力一个合理的时间分配，建议考前所做的听力练习的题量至少要达到一定数量的完整的听力练习。

听力练习材料的选择要遵循从易到难循序渐进的原则。但是太易或太难也达不到实际应有的效果，太易的材料练习起来没有进步，而太难的材料又容易打击学习者的自信心。最好的练习起始材料是那些自己能听懂的材料。

在进行听力训练时，要反复听大纲词汇。考试听力材料中的词汇无论多么难也不会超出考试大纲词汇表的范围，所以大家可以结合词汇的复习，将大纲上的全部词汇的读音反复听几遍，在头脑中建立每一个单词的语音档案，这是极具针对性的考试听力的基本功练习。许多考试词汇书都提供单词的录音磁带，其中也有让大家练习听力的意图。

听力训练时，听音更要听意。在练习听力的过程中，不要力求听懂每一个单词，重点是要听懂材料的主要意思，只要抓住了材料的主旨大意，有些细节性的内容可以通过语法和背景知识推导出来，即使不知道，也不会影响答题。

要想听力好，还得做大量的朗读练习。通过自己的"读"，对照自己的读音和标准的读音，可以发现自己读音方面的不足之处，可以避免由于自己的读音不标准而影响听力效果的问题。

5. 其他理科复习方法

理科考试以能力考察为主导，注重考察基础知识和基本技能掌握的综合程度，同时重点考察考生将书本知识应用到新情境中去解决实际问题的能力。复习阶段的关键是正确把握复习方向，掌握复习方法，提高复习效率。

理科复习重要的是抓好基础，以不变应万变。物理，一些传统题型虽然在今后的考试中不再用到，但多做题可以训练物理思维和分析能力。化学的知识点很多、很散，在学习的过程中要善于总结和归纳，经常复习。

理科复习关键是要掌握好课本里的知识点，虽然理科的知识点比较多又比较琐碎，题目类型也千变万化，但万变不离其宗。

理科基础打不牢，做题的效率必然不高，考试时的得分率也会低。而要打好基础，一是平时要注意积累，在上完课后就应该把课上学到的知识点弄明白；二是复习时要有方法。可以先泛读课本，回忆一下知识点，遇到比较生疏的再认真看。熟悉课本内容后再反过来从大的知识板块入手到各个小的知识点，分析各个部分的联系，形成一张网络，通过联想延伸来记忆。对于一些死记硬背的知识点，也要舍得花时间，老老实实地背牢。

　　虽然复习时间紧张，但翻一下课本不会占用太多时间，基础的原理、公式、性质更是必须熟练记忆、牢固掌握的。同时也要进行适当的练习，保持"手感"。

　　复习时以综合练习为主，同时穿插单科练习。虽然做题比较多，纯看书时间比较少，但要保持经常涉及课内知识与课外练习，防止生疏。

　　在复习的过程中，发现哪部分比较重要、哪部分比较薄弱就要刻意加强。比如做练习时遇到不懂的题目应该及时翻书、看笔记，最好是马上掌握，必要时还可以和其他同学、老师一起探讨。

　　理科知识不是单靠记忆和看书就能取得好成绩的，理科是侧重实际计算和操练的。过去的题海战术如今早已经不再流行，那么到底怎样才能更好地复习理科知识呢？做题肯定是要做的，那么要做哪些，做多少呢？复习阶段的时间是很宝贵的，不可能将所有的题目都做完，也没有必要。要做到：全面复习是基础，抓住重点是关键，多做练习是重中之重。那么重点练习哪些内容呢？这就需要自己整理出一个重点例题集了。

　　具体原则就是"优中选优，精中选精"了。大致应该包括：自己做错的题目，这实际上有点借鉴前些年很热门的"错题本"学习法，对自己曾经做错的要重点练习；代表最新命题趋势的新题型，这可能是出题的重点，所以要重点对待；能够给自己启示的题目，这是可以让自己举一反三的部分。

　　这些重点题目最好按照课本上的章节顺序排列，要多次翻阅、反复练习，直到完全掌握。经过这样的整理复习，不仅能够节省复习时间，还能够抓住重点，真正做到有重点有效率的复习，取得更好的效果。

理科的物理、化学、生物各有各的特点，复习时要抓住各个学科的特点。

首先是物理。物理是理科中难度比较大的一个科目，有些同学学了不懂得用，这时归纳总结就很重要了。要认真分析一些常规的题型，懂得基本的分析方法，比如关于动量和动能的问题，就要懂得分析随着时间的变化，每个物体的受力、状态，以及在哪个时刻发生了什么，再根据这些列出动量和动能的公式以及相关式子，这样解决问题也就轻而易举了。

化学关键是记忆，尤其要把化学性质和方程式结合起来记忆。举例来说，记好各种物质的还原性、氧化性，以及氧化还原性的强弱，它们的氧化还原方程式也就出来了。无机物质的其他一些特殊性质和有机物质都可以这样记，把相似的反应归纳在一起为某个性质，这样可以减轻负担又有更好的效果。

生物的零散知识比较多，记忆也是必需的，书上讲得非常清楚，在学习复习中要经常仔细地读课本，直到弄透弄懂。不要怕浪费时间，精通课本比一知半解地去做题好得多。做题时也要注意积累题目，特别是那些自己不是很明白的和曾做错的题目。

对于实验内容的复习，只要在基本知识的基础上，认真分析就可以了。不要把实验题看得太难，要多进行总结，很多实验都有一些相似点，多看一些题和书上的实验，找出一些规律，就能提高复习效率。

另外就是要记忆，实验的内容和课本的一些知识点是紧密结合的，掌握好原理其实也就掌握了步骤。

理科复习中要特别重视课本，课本上的知识很重要，它代表着基础知识中的精华部分，如果到了复习阶段还是拼命看课外参考书而忽略了书本上的知识，那是不可取的。

书本要从厚读到薄，第一次学习时属于接触新事物的阶段，可能懵懂地学完每一节，觉得知识杂乱无章，像天上的星星一样散落在银河中，让人只能仰望；第二次再学习的时候，会发现思路慢慢清晰起来，节与节之间的过渡也渐渐明了了，这时候就可以试着理出全书的知识框架了。虽然并不十分完整，但是已经能够做到心中有数了。等最后复习时就发现很多以前忽略或没有足够重视的地方，还有就是产生的疑问也能在重新阅读课本、学习课本的时候得到解答。每次学习课本都会有新的收获和体验。看书并不局限于单纯的看，要全方位感官都调动起来，用心领会，用笔及时记下偶尔迸射出的思维火花。

现在我们手里就有很多版本的参考书，而选择起来也比较困难，那么多不同版本的参考书不看觉得心有不安，全看完又没有足够的时间。最好的办法就是花时间认真细致地为自己选一套参考书，一套适合自己的参考书。这一点可以多听听老师的意见，每个人的实际情况不同，不能一概而论，总之要因人而异。如果你喜欢做题，就选习题数量多的版本，最好是配有详细的解题思路和过程的；如果你不喜欢做题；就选择那些总结比较多且比较详细的版本。

但是参考书再多再好，也只是一个参考，最主要的还是课本。

课本才是最基本的，不能整天抱着参考书就不看课本了。可以采取"课本—做题—课本"的方法。

化学书上的知识比较零碎，有点像文科，考起来也是东一点、西一点，没有那么集中。怎么做呢？先要把课本通读一遍，根据以往的知识掌握情况查漏补缺。化学知识重在串联，所以可以买一本比较权威的附带知识结构图的参考书，或者干脆自己总结：写一个元素，然后把与它相关的所有公式、方程式等写出来。

物理复习可以少看些参考书，重点放在课本的复习：先看书然后做课后的习题。多花时间在那些解决实际问题的知识上，因为那些往往也是考试的重点。

生物知识比较集中，相应的考点也就比较细，复习时也就要多注意细节，从插图到注解，小字大字统统不能放过。多看几遍，勾画圈点，做到每一个概念都心中有数，随便从书中提出一个概念你都能举出实例并讲出点道理来。生物是与生活实际联系较多的学科，复习生物也要多关注书中的实例，因为它们不但便于理解概念，而且常常在巧妙变化后出现在考试中。

各科其实都大同小异，基本上就是抓住课本，再认真对待老师推荐的题目，出现问题再返回课本找原因。经过这样充分发挥主观能动性的复习，相信考试并不是难事。

6. 其他文科复习方法

除了语文、英语这两个重点科目中的文科，其他文科类的学科又要如何统筹复习呢？

一方面要明确自己的优势和劣势，要尽量做到扬长避短，这要从基础抓起。另一方面要在复习过程中充分运用发散思维，上挂下联多联系，灵活掌握尽量丰富的文科知识。

考试中，很多基础题目都是很简单的，只要掌握了基础知识，就能得到这部分的分数。因此，在复习过程中，要通过对课本基础知识的复习、巩固，把最有把握的分数拿到手。也就是说在复习阶段，复习重心不应放在太难太偏、自己力所不能及的题上，而要多看自己会的题目，多复习自己一知半解的知识，多想想自己死记硬背的部分，要保证这部分内容不出错。基础好并且有精力的同学，可以在复习中突破一下难题，但总的原则是以基础为主，保证基础题的万无一失，拿下大部分中等难度题，全力拼难题。

俗话说拳不离手、曲不离口。复习阶段也要进行一定数量的必要训练。不能让自己对考试的感觉生疏了。不妨分配好时间，每天大部分时间复习知识，之后抽出一定时间做适量的练习，保持做题的感觉，也可保持适度的紧张感。至于重点做哪些题，要根据你自己的情况来定，薄弱的项目就多花点时间。

对于文科几个科目的复习安排，每个人要根据自己的具体情况来定，原则是抓有上升空间的学科，即哪个科目你觉得增长分数的余地大，重点抓此学科，当然补漏也是必要的，但所谓扬长避短，要在长项充分保证的前提下，再抓弱项。

如同我们知道历史是按照时间顺序来讲的一样，任何一门课程都有它内在的顺序和规律可循。而任何知识都不是孤立存在的，都和其他领域有千丝万缕的联系。我们要善于找出不同知识之间的联系，思考出不同课程或同一课程不同部分的联系。

不同的课程，知识不同，但思想方法和解题技巧可能会有相似之处；某些问题，既可以用某门课程的这部分知识解决，也可以用其他部分的知识解决。

例如，你可以用政治中的哲学原理分析历史现象；英语的"完形填空"题目，既可以用语法解决，也可以用"语感"解决；某些题目既可以用历史概念解决，也可以从地理角度来考虑。

还要学习综合运用不同课程的知识解决问题。万物皆有联系，你要善于把不同课程中的相关知识综合起来。例如，要解决生物中的环境污染问题，就可能要把物理、化学、历史、地理等课程中的相关知识都找出来，综合在一起思考。

因此，你在看史论类，政治评论和一些科普类的文章时，自己要深入思考，形成自己的正确观点。

一般地，做一些典型题目，尤其是做一些典型的综合题目，把一道典型的综合题目彻底弄清楚了，对应的知识点和解题技巧都清楚了，往往就可以灵活运用了。但是，有的人局限于某道题目，不善于从某道具体的题目中找出更普遍性的解题规律和技巧。

例如，历史学习达到一定境界的人，往往能从不同时期、不同国家的历史事件、历史人物中总结出普遍的规律，对于这些人来说，在思考时，历史人物、历史事件是变化的、可以替换的；而达不到这种境界的人，在学习历史时，虽然能把一些具体的历史事件、历史人物分析得非常透彻，但在思考问题时，却往往过于局限于这些历史事件、历史人物所处的外部历史环境，总是很难突破这些外部的历史环境。

带着某个问题看书：在做题、看书、思考时碰到一个问题，思考了很久仍然无法解决时，可以从各种书籍中寻找答案。在这个过程中，不要受各种固定思维的限制，要不断寻找和思考，直到找到满意的答案。

在地理复习中，要抓住三个地理知识功能系统，也就是把教材系统、作业系统、图像系统三者有机地结合起来。这是做好地理复习的有效方法。同学们在复习过程中要尽量做到图文结合，把地理课程的基本要求融成一个有机整体。

在掌握必要的地理知识的基础上采用"滚雪球"的方式复习，力图把书"读厚"。例如，复习到气团问题时就可以和气温、降水、气压、风、等压线、高压脊、低压槽、大气环流、冬夏世界，特别是我国气压分布的总格局，以及对我国气候的影响，冷锋（包括快行冷锋、慢行冷锋、静止锋）在我国的表现等一系列问题挂钩进行综合练习，然后抓住精髓的东西去深刻理解和验证。

地理事件的发生和发展既有共同规律，也有各自的特殊规律，有共性也有特性，复习地理材料时要有意识地分辨并灵活掌握它们。这是对能力考查的基本要求之一。

例如，中、低纬度地区垂直高度的气温变化，总的来讲是高度每升高1000米，温度下降6℃，但是到了具体地点却因纬度、阴坡与阳坡、迎风面与背风面等条件的不同而在同一海拔、高度的各地点气温并不一致，喜马拉雅山和阿尔卑斯山就是典型的例子。以上

的例子如果不具体分析它们形成的具体自然条件，掌握其共性和特性，是不可能掌握地理事物的本质的，当然就不可能灵活运用了。

在地理复习中，对学过的知识进行整理、归纳是十分必要的，用看目录想纲目、看标题想要点的办法可以促使自己去思索、回忆，发现薄弱环节及时弥补，有针对性地查漏补缺，检验自己掌握知识的深度和广度。

用空白图巩固地理知识。由于地理科学涉及的范围非常广，所以把地理知识巩固在地图上的学习方法已经为学习地理的考生所重视。

亲手画一画，不要注记。在画图及复习时，知道图的内容，把应该掌握的重点图，例如中国地理的中国地形、各大自然区图等用空白方式边复习边画，在复习时抛开书和彩图，用自己画的空白图去验收。这对知识的掌握和熟练运用都会有不错的效果。

在历史复习中，要注意培养历史思维能力。历史考试的发展趋势是从知识立意为主向能力立意为主转变，以问题为中心，突出主题性，往往围绕一个或几个核心素材命题。重点突出主干知识考核，不再追求知识覆盖，考查知识点少，难度系数降低，但要求同学们有较强历史思维能力。强调理论和实际结合，突出知识的生活性和时代性。

转变传统复习观念：很多同学都习惯了过去复习的传统套路，一轮复习，二轮专题、地毯式轰炸，全面出击、大题量训练，更有甚者死记硬背教材，搞题海战术等，投入很大，却收效甚微。

其实在复习时要注意回归教材，但不应仅停留在对教材知识的记忆层面上，要注意对教材进行深刻挖掘。要注意重视对历史概念的理解，准确把握概念的内涵和外延。例如"民族主义"，一些同学不能准确把握"民族主义"概念的外延，混淆了"进步民族主义"和"狭隘民族主义"两个不同的概念。要注意重视历史结论。考试中很多选择题经常从历史结论入手设置问题。建议同学们在复习教材时碰到历史结论时要多动脑多思考，多问"为什么"。要注意强化主干知识复习，历史考试很多时候受分值大所考知识点少的限制，故侧重于主干知识考核，因此考生在复习时要特别注重主干知识的复习。

在最后复习过程中，演练往年真题往往会收到良好的效果。有的人认为往年真题已经考过了，不会再考，因此不予重视，这种看法是错误的。演练真题并非押题，正式考试的试题特点是思路正、不偏不怪，入门易、得高分不易、区分度好、灵活性强，这是任何模拟题都比不了的。通过做真题，考生可以发现知识盲点，为下一步复习找准方向；可以提升考生把握概念、内涵、外延的能力；可以破除考试试题神秘感，增强考生自信心；还可以规范考生答题思维，矫正不良思维，使考生答题"思路正"，而这点在答题过程中显得尤为重要。在做真题时，若能将教材和考试题结合使用，效果最佳。在这方面下工夫，特别应在两个方面上重点思考，其一是命题者意图，其二是试题和教材内容切入点。在这些方面要多思考、多动脑。这样复习效率比单纯背教材或是大量做模拟题效率要高得多。

在政治复习中，学生需要特别注意夯实基础知识架构。对教材中的基本概念、基本原理和知识体系要准确掌握，要做到"烂熟于

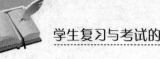
心"。要做到这一点，一是增加看书的遍数，提高复习的速度，二是做到节节有归纳，章章有总结，课课有体系，把所学知识形成立体的网络，以备需要时随时去搜索和采集。

既要灵活掌握所学基础知识，又要关心时政，做到理论联系实际，学以致用。对国际国内重大的政治、经济、文化、科技、环保等热点问题，要熟悉掌握其时代背景、发展过程及其引发的事件、导致的后果。

政治要求对知识点进行具体运用，这就需要在有机把握以上内容的基础上，留意、关心一些国家经济生活中的重大事件，例如电信拆分、民航重组、整顿市场经济秩序、国务院各部门的行政审批制度改革、建立健全社会保障体系等，这些都是国家在运用经济、法律、行政手段对经济进行宏观调控。

在复习过程中，如果同学们能将重点和现实的热点结合起来去学习、把握教材，所掌握的知识就不会是零散的、平面的，从而大大提高我们的复习效果。

第五章 轻轻松松上考场

不管考前复习做得多么充分，健康的身体才是我们顺利完成考试的必要条件。所以，平时要注意饮食的搭配、必要的休息和适当的心理调适。另外，考前还有一些细枝末节也不能忽视。在这里，我们有必要再说说考前的细节性问题，以确保考试的万无一失。

1. 保证身体的健康

复习备考和应考期间，是学生最容易生病的时候。有的同学平时不生病，但是一到考试的关键时候，毛病就来了，不是伤风感冒，就是肠胃不好。以每年的中考、高考为例，有的考生常常是出了医院进考场，考场出来上医院，或者是一边输液一边考试，个别同学甚至晕倒在考场。结果平时全身心地投入学习和备考的努力，这一下全泡汤了，因为一个在病中的人，其水平是不可能正常发挥的。

为什么考试期间最容易生病呢？这是由于一些同学考试期间过于紧张，加之身体的疲劳，自身免疫力大大降低，疾病也就乘虚而入了。一旦生病,自己的体力和精力迅速下降,而考试却不会因为你生病而推迟。抱病参加考试这种高强度的脑力劳动,不仅严重影响了自己考试水平的发挥,而且会加重自己的病情,损害自己的身体。由此可见,要想考试取得优异的成绩,确保身体的健康是第一重要的。

俗话说:"身体是革命的本钱。"没有好的身体,什么事情都做不好,考试也无法取得好成绩。那么,怎样才能保证身体健康呢?简单地说,就要从饮食、休息和运动三个方面来注意。一句话,在紧张的备考过程中,我们不妨做一个"吃好、睡好、锻炼好"的"三好学生"。

我们先说饮食。考试前和考试期间要注意饮食的均衡和卫生。首先要遵守的就是全面适量和均衡的原则。有位科学家说:"智慧是吃出来的。"这话似乎有些夸张,但临考前补给大脑足够的营养却是非常重要的。饮食安排的基本原则是能提供自己每天活动所必需的热量;饮食清淡、鲜美、可口,易于消化和吸收。考前不宜过分饱食,否则将增加肠胃负担,影响大脑智能的高效释放。

我们平常要保证四大类食品的供应。第一类是粮食之类的碳水化合物,考试和复习都是很消耗体能的,它们给我们提供了最基本的热量。第二类就是蔬菜水果,它们含有各种维生素、矿物质及纤维素,让我们考试的时候思维敏捷、头脑清晰,那些平时不爱吃蔬菜水果的同学们可别把它们忘了。第三类是优质蛋白,像豆制品、蛋禽肉类,它们能保证我们有充沛的精力、耐力,特别是可以补充脑力的消耗。第四类是烹调油及纯糖类的食物,这些我们平常吃的菜里一般都会有。有了这四类食品，我们基本上就能获得比较全面和丰富的营养物质了。

另外，我们平时可以多吃些鱼蛋类食品，它们都含有比较丰富的卵磷脂，可以起到提高记忆力和学习效率的作用。总的来说，就是要注意荤素的搭配，注意蔬菜、豆类和粮食的均衡。不要总是大鱼大肉的，蔬菜、水果、豆制品都不能少。

临考前，家里总是喜欢给我们做好吃的，而且还让我们多吃，这其实并不好。为了保证营养和体能，可以适当增加一些高蛋白质的食物，比如说牛奶、鸡蛋、瘦肉、豆制品等。为了提高大脑工作的效率，也可以吃些核桃、板栗、花生等坚果类食品。蔬菜和水果还是不能少，除了前面说的好处外，它们还可以预防便秘，解除疲劳和紧张感，增强胃的消化和吸收能力。因为这段时间我们容易思想紧张，消化能力会有所下降，要少吃油腻食物也是基于这个原因。

考试期间要遵循平常的生活习惯，饮食就是一个很重要的方面，三餐不要做大的改动。特别是考试当天，家长们不要为了加强营养而突然改变饭菜花样，或者增加高营养食物。因为油腻食物会在消化时占用更多的血液，使我们的大脑相对供血不足，影响用脑，而且弄不好会发生肠胃功能的紊乱，如果引起腹痛、腹泻，那就没法参加考试了。

另外还要注意的是，考前不要吃有刺激性的食物，考前一天的晚上不要喝浓茶、咖啡等。不要大量吃甜食和咸食，还要控制零食和油炸食品。开水要喝够，一般在 1500～2000 毫升最好。

我们说吃好喝好，可不是说要吃得有多好、喝得有多好，关键

是要全面、均衡、卫生。给我们的身体打下一个好基础，才能精力充沛地投入到考试中去。

2. 保持平常的生活习惯

除了前面所讲的饮食外，考试的时候我们也应该遵循生活上的其他习惯。比如平时几点起床考试时就几点起床，只要能赶上考试就行，没必要专门早起。我们应平平常常、从从容容、不慌不忙地上考场。有时候"欲速则不达"，越想赶快反而慢了，结果影响了自己的情绪，如果因为着急慌乱碰上点什么事，那就更得不偿失了。

考试那几天要尽量避免做不习惯的事情，不要打乱自己平常的生活节奏。我们要以平常心来对待考试，以平常的习惯来应对考试，只要我们平常就很努力，没有懈怠，考试也没什么大不了的。一切都在我们的掌握之中，不是吗？

3. 保证足够的睡眠

由于一些大型考试一般都是"连续作战"，每天至少要进行两个学科以上的考试，考试期间身体能量消耗很大。因此，一定要保持平时的生活作息习惯，不要打乱正常的生活节律。不仅考试期间要确保休息好，考试前就应该让身体和精神充分放松，并适当减轻学习负担。考试前因为复习比较紧张，许多同学经常加班加点，晚上开夜车。表面上看，每天的复习时间很长，但是因为忽视了必要的休息，效率其实并不高。为了保证我们精力充沛、身体健康，休息可是万万不能少的。特别是睡觉，一定要睡够。

诚诚是班上的尖子生，后来考上了重点中学。他就跟我们想象中的不一样，每天不仅不熬夜，反而睡得很早。晚上回家自己学习一段时间后，9点钟他就放下了手中的复习内容，9点半就准时躺在床上睡觉，一直睡到第二天早上7点才起床。看起来他每天的学习时间是班上最短的，但事实上他的学习成绩却是班中最好的几个之一。这就是因为他晚上保证了充分的睡眠，白天的学习效果比较好。许多成绩很优秀的同学，都有尽可能保持9个小时左右睡眠时间的习惯。虽然不一定每个同学都需要如此长时间的睡眠，但无论如何，睡眠时间都应该保持在6个小时以上。因为经过科学实验证明，6个小时是能够保持身体健康的最少的睡眠时间。

特别是临考前，更不要开夜车、加班加点，这样不仅学不好，还会造成疲劳、焦虑和生病。如果晚上睡不着，要学会放下思想包袱、排除杂念，不去想考试的事情，不要回顾当天的复习情况，也不要因睡不着觉而着急。要学会自我放松，尽量在睡前保持愉快的心情。

饮食也会影响到我们睡眠的质量，过饱或者过饿都会睡不着。一般来说，七八分饱可以让我们安静地入睡。临睡前不应该喝浓茶、咖啡。因为这些带刺激性的饮品，会使大脑的兴奋度提高，不利于我们的睡眠。

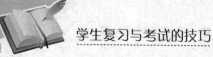

一个比较好的环境对睡眠也很重要。比如说，应该保持室内的安静和谐、光线不能太亮、气温适当等。睡觉时枕头不宜太高，一般 8～10 厘米为好。内衣不能太紧，被子要柔软，这样人才能睡得舒服。

另外，适度的运动可以促进血液的流动、呼吸的增加，使大脑更好地新陈代谢，晚上睡得更深更甜。例如，考前一周每天晚上可散步 15 分钟。散步可以缓解我们的紧张情绪，提高睡眠的质量。

如果失眠了也不要慌，我们可以学会用一些方法来试着进行催眠，比如数数、听一些有催眠作用的轻音乐等。千万不要吃安眠药，它会让你在第二天昏昏欲睡，甚至在考场上睡着。

考试前万一没睡好觉，也不用紧张，只要我们的心态足够稳定，照样可以发挥出水平来。有一个参加中考的同学，平时每天至少睡 10 个小时，可是中考 3 天里大约一共只睡了 15 个小时，结果最后还是考上了重点中学。考场上大脑保持高度的兴奋状态，多数同学是不会睡着的。

最后还要说明一点，有人说，"大考大玩，小考小玩，不考不玩"，这句话有一定道理，但是并不科学。考前休息应该避免惊险与刺激，不要过于放纵，例如玩激烈的游戏、看恐怖片等。这样不仅起不到休息的效果，还会让大脑更加兴奋，不仅消耗过多的精力，也会造成精神的分散，心思就很难再回到考试、复习上了。

4．生物钟调节合拍

"生物钟"这个名词大家应该都听说过吧。我们每个人的身体内都有一座无形的"时钟"，它反映了我们身体生命活动的内在规律和节奏。因为我们身体的生命活动和功能，在一天 24 小时里面，并不是每时每刻都一样的。有些方面每个人的情况都不大一样，比如说一天中有人清晨的时候记忆力最好，有的人则是晚上记忆力好，这跟每个人长期养成的不同习惯有关。

平时在复习的时候，我们每个人都可以根据自己的"生物钟"来安排自己一天的复习，让自己的复习效率最高。但是到了考试前，特别是像中考、高考这样的大考前，就要把"生物钟"按照考试的要求进行调整，让自己的"生物钟"和考试合拍。

比如说，考试时间一般都安排在上午和下午，而有些同学学习效率最高的时间可能在晚上。还有些同学有晚睡晚起的习惯，可能到早上 10 点钟还懒洋洋地兴奋不起来。像这种自己的兴奋点与考试时间不"合拍"的问题，应当在考前提前 10 天到一个星期开始调整，否则可能影响考试的正常发挥。特别是那些习惯于晚上学习，夜越深精神越足的"猫头鹰"型的同学应该特别注意，最好早一点就开始调整自己的作息时间。

调整的时候，我们应该尽可能地按照考试时间来安排自己的作息时间，晚上适当提前睡觉，白天尽量在考试时间学习，或者模拟

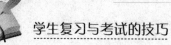

考试的氛围来做一些模拟试卷，这样提前来适应考试。调整时也不一定要一步到位，可以慢慢地来调整，每天调整一点，这样适应起来会比较容易。女同学如果"例假"时间正好与考试时间重合，最好在医生和家长的指导下通过一定的办法错开。这也属于考前身体调节的内容。

只要我们意识到"生物钟"的问题，提前做好准备，调节"生物钟"并不是太难的事。

5. 消除考前的紧张

考前消除紧张的一个有效的办法，就是想办法转移我们的注意力。比如说，适当地看看电视、听听音乐，做一些自己平时感兴趣和喜欢的事情；或者换一个环境，让自己的心情逐渐放松下来。考试那天我们也可以带上自己喜欢的轻松读物，比如漫画、小人书等，这样能转移自己对考试的注意，放松自己的心情。

另外，我们也可以用深呼吸等方法来进行自我调节。深呼吸时，我们要闭上眼睛，用鼻子深深地吸气，同时腹部向外凸起，深吸气直到不能再吸时稍稍停一下；然后再用嘴深深地呼气，同时腹部向内凹陷，一边默念放松、放松……每次呼吸3~5次就可以了。任何时候、任何场所感觉到紧张和焦虑的时候，都可以用这种方法来缓解紧张的情绪，效果还是很好的。

还要注意的是，就是进考场前千万不要再翻书、看资料。有些同学在走进考场的前几分钟，仍然抱着书本不肯放手。他们是觉得这样就不会浪费考前的一分一秒，但是这样做效果并不好。考前心情本来就紧张，在这种情况下你又怎么能学得进去呢？相反，如果这时还让大脑紧张地工作，反而会让以前所记的东西产生混乱。不仅如此，如果在翻阅过程发现了许多自己还没记住的内容，会让你感到更加不安和紧张。为了避免这种反效果，我们把带到考场上的书看作是一种护身符好了，让它保佑我们考试顺利，不要再急急忙忙地翻阅；不如抬头看看蓝天，让我们的头脑保持清晰。

还有的同学喜欢在考试前翻来覆去地想考试的结果，这样也很容易造成紧张和焦虑。我们不要提前去想考试结果，这样不仅毫无用处，还会消耗宝贵的时间和精力。我们只要认真准备，结果随它去好了。大不了没考好，也没什么。有时候做好最坏的打算，反而会让我们放下包袱，轻松地面对考试。

为了减轻考试的压力，我们也可以找好朋友聊聊天，或者跟老师或家长吐露自己的心声，这样都能让自己放松，切忌闷在心里。总之，要学会调节自己，把紧张和忧虑抛到脑后，轻轻松松地上考场。

6. 避免神经衰弱症

根据医生的说法，每年中考、高考前，出现"神经衰弱"的考生还不少呢！主要就是因为考试前思想包袱太重，心理压力大，总是让自己处于极度紧张和压抑的状态中，晚上睡不好，白天吃不香，生活的正常节奏被破坏，从而引起了神经衰弱。神经衰弱主要表现为两种现象。一种是容易过度兴奋。比如，有的同学在做功课的时候，不能有一丁点儿吵闹声，否则就心神不宁，没法学习。另一种就是会迅速产生疲劳现象。有的人坚持学习的时间很短，不到一个小时就头痛，想睡。如果患了神经衰弱，消极情绪就会变严重，结果又反过来加重神经衰弱，形成恶性循环。

神经衰弱主要是一种精神上的疾病。小健对患有神经衰弱症，医生虽然给他开了一些药，但还是嘱托他要放开心胸、积极面对，调整自己的心态。要从根本上找出原因，冷静下来、正确对待、合理解决。学会放松自己，不要总关注自己的症状。什么事情不要闷在心里，要找自己的朋友或师长谈心，把各种紧张烦闷的情绪都说出来、排除掉。另外，做一些力所能及的劳动或进行适当的户外运动，也会有所帮助。

在考试前容易出现的各种问题中，神经衰弱算是比较严重的了，大家要给予重视。但是也不必太过紧张，只要我们调整好心态，神经衰弱也没什么可怕的。

7. 排除考试的干扰

在考试前，应该尽量保持自己的生活平静有序，不要有任何大的波动，要学会排除各种干扰，让自己在平静的氛围中顺利度过考试。

前面我们说复习过程中要学会主动向老师同学请教，要在竞争的氛围中共同进步。不过，到了临考前几天就不要去和朋友同学讨论考试内容了。因为这时保持良好的心态才最重要。我们应该在一个安静的地方去按照自己的计划，独自学习，让自己在愉快平静的心情中做最后的冲刺。不管周围的气氛如何紧张、如何浮躁，都不去管它，"任凭风浪起，稳坐钓鱼台"。对于期末考试或者中考，考完一门后不要去和同学对答案、讨论考试内容，而是在适当地放松以后，冷静地去准备下一门考试。反正考试结果已经无法改变，就不要去想它和管它了。

我们在考场上有时候也会遇到一些干扰。比如说，场外环境如果噪音比较大，可以告诉老师或主管部门，让他们给予排除和妥善处理。考场上如果监考老师在你身边，他不过是在履行公务，也不必紧张。还有看到别人提前交卷的时候，不要受到影响，要稳住阵脚，坚持到底。

有时场外或场内的噪音并不大，它对我们产生的影响主要是心理方面的。你越是注意噪音，就越感到不安，就越容易分心。对于集中精神做事的人来说，心理性噪音起不了什么作用。只要我们集中精力，把注意力都放在试卷上，心理性的噪音是不会影响我们考试的。

考场上还有一个很大的干扰因素，那就是作弊现象。看到别人作弊应该告诉监考老师，要是自己实在不愿意告发，也别勉强自己。但是也不要太介怀这件事，把心思放在自己试卷上才是正事。如果

有同学向你"请求援助"，一定要正面坚决拒绝。因为别人的错误而耽误了自己答题，让老师误会自己，那就太不值了。

8. 考前以调节为主

再过两天就要参加考试了，那么你会怎么安排这一两天的时间呢？是继续待在家里认真复习呢。还是好好放松一下？

我们来看看小英是怎么做的。小英平时成绩就很好，这次中考复习准备得也非常充分。中考前的倒数第二天，小英把课本和整理好的复习资料大概又翻了翻，做了一些以前的中考试题，大概也就花了大半天时间吧。小英估计应该差不多了，心里面很有信心，剩下的时间呢，她就出去走了走，还看了场电影。考试前一天，小英是在很轻松的氛围中度过的。上午陪妈妈出去买菜，中午好好睡了一觉，然后去游泳，感觉都很放松。晚上9点多小英就上床休息了，睡得很香，也没有做梦。早晨起来的时候，全身都充满了劲，状态非常好。后来成绩下来了，小英考得很好，拿了学校的状元。

小英的经历给了我们什么启示呢？它告诉我们考试前，特别是中考这样的大考前两天，应该以调节和放松为主。如果我们前面复习已经做得很充分了，最后这两天就不要再做大量的复习了，而是要把状态调整好，让自己轻轻松松、信心满怀地走上考场。

临考前两天如果还花很多时间在复习上，这不仅难以取得效果，反而会让自己产生紧张心理。这时候记的东西是很难记得住的，说不定还会对我们以前记住的内容产生干扰。还不如让我们的大脑好好休息一下，减轻它的负担。

如果你实在是不放心，或者是怕自己过度休息影响状态，也可以像小英那样，适当安排一些复习，做一些题。不过这个时候做题主要是用来润滑、启动我们的大脑的，不让它因为休息而产生惰性，这样在考试时可以保证自己快速进入状态。一切都以适量为原则，主要是看你自己的情况了。

有句古话说：养兵千日，用兵一时。考试也是这样，我们花了那么多时间来准备，可能就是为了这短短几天的考试。越到最后，我们的状态和心情就越重要。平时我们已经做了充分的准备，这最后一两天的时间，主要的任务就是把自己的心情和状态调节好，去迎接挑战、争取胜利。

9.　拥有好的精神状态

良好的精神状态是完成一切学习活动的基本条件，尤其是复习和考试。要在规定的时间内完成大范围的知识检查与考核，不能确保良好的精神状态和竞技状态，是不可能获得复习的高效率和取得优异的考试成绩的。

影响个人的心态，造成考前心理紧张和焦虑的原因，通常有以下几种：对考试期望过大，怕达不到目标而辜负父母的期望，影响自己的前途；对自己信心不足，缺乏一种必胜的信念；自尊心过强，

担心一旦考得不好会受到别人讥笑；对考试准备不足，还存在知识上的缺陷和漏洞，感到心中无数，以至于焦躁不安。

上述这些原因，常常使考生产生一些消极的自我陈述。例如这次考试我肯定考不好了，要是考不及格怎么办？我怎么向父母交代？父母会不会骂我？老师和同学怎么看我，会不会说我笨，说我没有用？如此种种，以至于转移了对复习备考本身的注意，过分夸大成绩不好可能出现的消极后果，严厉地进行自我责备，不相信自己的目标可能达到，甚至对自己的能力、价值都产生了怀疑。

这些消极的陈述不仅导致考生情绪的低落，而且还会引起体内的不良反应，产生生理上的不适，例如胸闷、心慌、头痛、腹泻等等。更糟糕的是，这些自我陈述具有"自我实现"的效应，即"皮格马利翁效应"。考生在考试之前便预言自己不会取得好成绩，这种消极的自我暗示会使考生精神委靡不振，本来该用于复习的时间却在忧虑、担心考试的结果，整日为对考试的结果的消极期待所导致的忧郁情绪所左右，哪里还有精神和心思复习功课呢？因而考试成绩不理想便在情理之中了。

考生本人也会为自己胡思乱想，不能集中精力学习而感到心烦意乱，于是无意之中便实现了自己的预言，真的考"砸"了。

因此，考生在考前应避免出现这种消极的自我陈述，因为它是复习和考试的大敌。

临考之前首先要对自己有一个正确的估计，不要期望过高，自己只能达到80分，就不要奢望100分。如果自己的学习基础不好，即使只能考到60分，只要努力了，没有令人遗憾之处（比如会答的题因疏忽而答错），家长不会责怪，同学也不会讥讽，自己也会心安，自然也就不会因期望过高、为担心达不到目标而焦虑。对自己高标准的要求不是在考试时提出一个分数目标来实现的，而应该在平时的学习中严格要求自己，抓好平时的学习，这样考试自然就会获得高分。

其次是要树立信心。凡是切合自身实际制订的目标，只要你坚信一定能够实现，十之八九就能成功，因为你会坚定不移地为自己的成功而努力奋斗；反之，一开始你就想到这事可能成功不了，缺乏信心，稍有困难，你可能就会放弃努力，自然也就不可能成功了。建议那些常为考试而担心的同学，每当自己出现这种消极的情绪时，便立即反问自己：我真的不行吗？别人能成功我就不能吗？或者干脆放下手中的书本，仿佛自己获得了解放似的（即抛开一切），去尽情地玩一玩，然后再回到桌边，拿起书本继续复习。复习备考的信心足了，你才会精神抖擞，朝气蓬勃，这时考试的胜利便已经向你招手了，考场应试时你才会进入最佳精神状态，发挥出最好的考试水平。

至于考试的知识准备，只要平时踏踏实实地学习，考前抓好了备考复习，面临考试你就会成竹在胸、坦然自若，还有什么可以紧张的呢？

另外，临考之前和考试期间也不要为其他生活琐事烦恼，不要和家里人生气，也不要和同学闹别扭，更不要和人在外争吵。维持心理的宁静，也是保持良好心理状态的基本条件。

10. 熟悉你的考场环境

　　一般的考试都会在自己的教室里进行，不过像中考、高考这样的"大考"，因为是统一组织的考试，很可能考场不在自己的学校。这时我们就要提前去看考场，熟悉一下考场的环境。考场的地点和条件，去考场的路线，要乘坐什么样的交通工具，需要在路上花费多少时间，是否需要避开乘车高峰期，都要事先搞清楚。如果考场离家比较远，可以在附近的亲戚家或者旅馆里住下来，也是一种选择。

　　如果考试是在自己不熟悉的环境里进行，有的同学可能会产生暂时的不适应。那么，怎样才能克服这种情况呢？这就需要我们尽可能地去适应陌生的环境。比如说，看考场的时候应该多待一会儿，让自己产生一种熟悉感，考试的时候就能比较快地适应。如果是要住在附近，那也最好多提前几天安排，让自己有比较长的时间来熟悉环境。

　　熟悉和适应陌生的考场环境，还有一些小窍门，也值得大家参考。比如说，我们考试的时候尽量穿自己平时穿的衣服，带自己平时用惯了的文具，这样可以缓解因为环境变化而造成的孤独感和不安的情绪。

　　另外，自己熟悉的用品，这些一直陪伴我们的"伙伴"会让你"回到"以前刻苦学习、认真复习的氛围中，"唤起"你的记忆，这对你的临场发挥也是很有好处的。

当然，考试最终靠的是我们的实力，靠的是我们平常的认真复习，只要我们心中有底气，任何陌生的环境都无法阻挡我们。再说了，上考场以后，一旦我们全身心地投入到考试中，这些因素就都被我们抛在九霄云外了。所以，一方面我们要做好熟悉考试环境的准备，另一方面我们也不必把这个问题看得太过重要。

11．注意带齐考试用品

今天是考试的第一天，小雨早上起来后，因为担心路上堵车，吃完早餐后就拿起东西上路了。到了考场上以后，小雨坐下来休息整理东西，猛然发现竟然忘记带准考证了。可是再过几分钟就要考试了，小雨心里边那叫着急啊，汗都出来了。想到辛辛苦苦复习准备了那么久，不会今天栽在这上面吧？越想心里就越着急，越害怕。

小雨慢慢冷静下来，赶快向监考老师耐心地说明情况，监考老师了解情况以后，"宽大为怀"，让他赶紧把准考证取回来，不会影响考试。小雨马上给家里打电话，让家长赶快把准考证送过来。家里那边也是立刻出动，终于在考试开始后的一刻钟内把准考证送到了。虽然耽误了一点时间，但好在没有造成无法挽回的局面。不过这个突发事故肯定会给小雨的第一场考试带来一些影响。

小雨的经历对我们来说是个教训，但它可不是偶然现象。在每次考试中，监考老师都会发现有忘带准考证的同学。其实，只要我

们考试前细心一点，这样的疏忽是完全可以避免的。

考试的前一晚，我们就应该把考场上要用的各种物品都准备好。我们可以写一张单子，第二天早上去考场的时候逐一检查一遍，确保万无一失。或者准备一个袋子，把包括准考证在内的所有这些物品都放在里边，这样一提就走了。

不只是准考证，其他的一些物品也要准备好。比如说计算器，如果允许带的话一定要带上，考试时可以节省很多时间。还有笔，如果是钢笔，要多备几支，以免墨水用尽。墨水的颜色要一致，中间如果换了颜色，会被认为有意在试卷上做记号。墨水的颜色以蓝色或者蓝黑色为宜，因为根据阅卷老师的经验，蓝色在试卷上会显得比较清楚。如果是黑色，书写的答案容易和试卷铅字的颜色混在一起。笔头的粗细也要合适。还有现在一般大型的考试都使用答题卡，答题卡对于铅笔也都有特定的要求，这些都要事先搞清楚、准备好。用了不合适的铅笔，造成计算机不能识别涂写的答案，那后果就不堪设想了。

为了准确把握时间，考试的时候应该带上手表，考试前应该和考场上的钟对一下，看看时间是否一致。中考这样的大考一般都在夏天，需要的话，风油精、清凉油也要准备。最好带上一条手绢，答题时垫在胳膊下面，防止汗水浸湿了试卷，模糊了字迹。

总之，这些小地方都不能掉以轻心，事先准备得细一点会有益无害。考场上一点点小小的差错和疏忽都会影响心情，影响发挥，同学们可不要大意啊。

第六章　考场心态调适顺

考生在考场上必须要有最佳心态，才能发挥出自己的水平，甚至可以发挥出超常的水平。在考试的整个过程中，要学会对自己的心态进行调适，尤其在出现紧张、焦虑等情况时，更应该按照科学的方法进行适时的调节。只有在考场上保持良好的心态，才有可能取得理想的成绩。

1. 考场要有好心态

日本心理学家春山茂雄在他所著的《脑内革命》一书中指出：不论遇到多么不愉快的事情，只要采取积极向前看的心态，脑内就分泌出对身体有益的荷尔蒙；不论自己所处的环境多么优越，只要心情怨怒憎恨、忧愁苦闷，脑内就分泌出对身体有害的物质。有益荷尔蒙（脑内啡呔）即快乐物质，不仅使人产生愉快感，还有提高免疫力、增强记忆力、锻炼耐力等多种功能。而有害物质则会导致人体免疫力下降、思维迟钝、精神不振等现象发生。作者在本书中还针对性极强地指出：复习与考试期间，免疫力急剧下降，就是精神受到紧张刺激的缘故。

因此，问题的关键不在考试本身，而是以何种心态看待考试、对待考试。

考试之前，考生们总是大为苦恼，想着不及格怎么办，考不上怎么办？换一个思路可以这样想："考试不能定终身，一次、两次考不好有什么关系，还有下一次嘛。"想法不同，结果就不一样。

考生能否正确对待一两次的考试失误、失败，能否正确面对一两次的名落孙山，是能否获得最终成功的关键所在。

心理学家指出，人生、考试获得成功的秘诀是："想好事，好事降临；想坏事，坏事敲门。"有了好的心态，考试时就能发挥出自己的正常水平，不良心态则会导致考试失败。

有的考生感叹地说："我在考试时常常会紧张，因此发挥不出平日应有的实力。"实际上，这种紧张是一种进行重要事情前的心理准备，因此不必太在意。可话又说回来，如果过度紧张而无法集中精力，就必须采取措施了。其中的一种方法是"考试仪式"。

可能有不少读者对"考试仪式"这个名词比较陌生，但相信各位大概听说过"就寝仪式"，就是经由一些程序才能入睡的方式。例如给常常啼哭的婴儿盖上毛巾被，使他安心入睡，这也可以说是"就寝仪式"的一种。

通过这种方法，利用某种程序来防止考试紧张，就是我所说的"考试仪式"。方法可随意安排，例如：在答卷之前，先摘下手表放在桌子上，或者借着擦眼镜、整整腰带等动作来缓和紧张的情绪，这就是一种仪式，其目的不外乎准备接受考试。总之，在关键时刻，利用这个方法能使精神得到放松。

在考场上时，要对自己始终充满自信，相信一分耕耘一分收获。即使遇到棘手难解的问题，也用积极的自我暗示，静下心来，沉着面对。考场上要沉稳、镇静，遇到容易的试题不马虎，遇到较难的试题也不心慌，始终保持愿意接受挑战的积极主动心态。

整个考试过程中，一切事情都往好处想，始终以稳定、轻松的情绪面对考试。比如考完一门课后，不要担心考好考坏而影响情绪，应集中精力投入下一门的考试，更不要考完后与同学对答案，增加心理负担。

在考场上，不管遇到任何不顺和麻烦，都要有意识地以愉悦快活的心态面对，充分运用积极向上的自我暗示和放松这两个法宝。

需要特别指出的是，考场上的心态调节固然重要，但考试前一两个小时的心态调节，对于大脑进入最佳状态更为重要。过去认为考前的心情要保持安静。近年来的研究认为，考前做适当的调适有利于考试水平的发挥。

考生要注意，考什么就只想什么。比如今日上午考数学，在考前一个小时左右就闭目回忆一下重要的公式、定理等，而不要去想别的科目。在考语文或英语之前，可以大声朗读自己最喜爱的课文，通过语言激活大脑。考前可以回想自己历次考试中曾体验过的成功、自豪的经历，这样使自己进入一种充满自信的良好心境之中，从而促进大脑分泌有益物质，增进思维、记忆等能力。考前也可以听听自己喜欢的音乐或歌曲，使自己的心境处于愉悦之中，也有利于激活大脑。

2. 学会在考场上休息

经常听见同学们在考试后说"考试时出现疲乏困倦，浑身不舒服，思维阻塞，迟钝以致中断"等情况，其实这就是大脑疲劳的现象。这个时候你就应该让大脑适当地休息一下，然后再继续答题。

在紧张的考试中为什么还要拿出时间做大脑的休息放松呢？同学们都知道，一些重要考试，比如中考、高考，一般考一个科目的时间都在2个小时左右。这种较长时间的高强度的脑力活动，容易造成大脑疲劳，从而影响考试成绩。在考试过程中，如果能巧妙地采取一些适当的方法进行自我调适，就有利于稳定考试心态，并能开发大脑的潜能，发挥出应有的水平甚至会超水平发挥。下面介绍几种简单的方法：

闭目养神法：假如答题感到疲劳或思维出现了障碍，可暂停答题、闭目臆想，便身心放松，使脑子入静；也可以自由想象，时间为30～50秒，最长1分钟即可。然后再开始答题，思维会变得敏捷而灵活。

转移注意力：精力高度集中之后就容易产生疲劳，如果你感到很疲劳而无法正常思考问题的话，你可以试试把注意力转移到无关的东西上。比如在草稿纸上画点什么，或者向窗外看一会儿，这些都有利于调节你的神经，快速解除疲劳。

穴位按摩法：答题时，遇到头昏脑涨时，首先一手按压另一只手的合谷穴（虎口处），再交换按压，约5秒钟即可。然后再用两手的食指和中指同时压在百会穴（头顶中心处）上，轻压5秒钟。压的时候，要缓缓吐气。或者可以把双手十指叉开，插入头发中，轻轻按揉3次，能促进大脑皮层的血液循环，起到提神作用。这样可以缓解上述症状，并能使注意力集中，安定精神。

伸展放松法：考场上由于情绪紧张，答题量大，眼睛很容易疲劳，这时可做一下眼睛的调适，减缓疲劳。具体的操作方法：把眼睛的注意力转移到远、近两点。先闭目片刻，接着突然睁开眼看近点；用同样的方法看远点，反复3次即可达到调适视力和振奋精神的作用。一直保持一个姿势也很容易让人疲劳，这时你可以在不影响其他同学的情况下适当地伸展你的手和腿，让血液更加通畅，让大脑的供血更充足。

深呼吸法：用鼻深吸气，用口深呼气，同时臆想"放松"，反复深呼吸3次即可。这样，可以缓解长期处于高度紧张的交感神经，促进交感神经与副交感神经达到平衡，达到头脑清醒、消除疲劳的作用。

这些方法我们可以平时多多训练，考试的时候就能派上用场了。

要注意，这里是教大家如何在考场上休息和调节，不是让大家完全放松。特别是在做题比较顺的时候放松自己，很容易就飘飘然，那时候你离粗心大意犯错误就不远了。

3. 考试紧张要不得

"考试紧张综合征"是应试人群中最常见的心理障碍症。其主要表现为：考试中心神不定，精神极度焦虑，记忆力下降，思维迟钝，并容易出现各种不良的生理反应，例如发烧、头晕、头痛、心跳加快、出虚汗，甚至休克。考试时感到头脑出现空白，思维能力降低，手足无措，心慌意乱，难以控制自己的情绪和思维，对考不好的严重后果感到恐惧。

专家认为，"考试紧张综合征"是由于个体将注意力过度集中于不可预期的目标或超出自己能力的较高的目标而产生的强大的心理压力，它主要涉及两个关键因素：一是个体的注意力的指向，即你"在乎"什么；二是你的预定目标，即你期望得到的结果是什么。

一般来说，面对重大挑战，人们都会产生一定程度的心理紧张，这是很正常的，属于一种保护性的反应。但是，如果在考试之中紧张超过一定的度，就极易产生"考试紧张综合征"。

有这样一位同学，他简直就把高考看成了自己的生命。他一天到晚地学习，简直使自己变成了一台没有任何喘息时间的学习机器，神经之弦绷到了极点。可是，就在考试前夕，这根弦却不堪重负绷断了。他开始怀疑自己，总觉得自己什么也没学好，自己漏洞太多，自己粗心恶习难改，简直不能容忍……总之，他对自己非常不满意，甚至开始讨厌自己，进而恐慌不已，害怕落榜。结果，考前一夜未眠。在考场上，他头脑昏沉，思维迟钝，很简单的题目也不会做。他紧张得汗流浃背，手脚不停地哆嗦，根本没有办法进行考试。越是这样，他越是难以控制自己的紧张情绪，最终晕倒在考场上，备考的艰辛和努力也付之东流。

那么，在考场上如何调试紧张的情绪呢？

考生一进考场就感到紧张和有压力，适度的紧张和压力说明考生身心的功能在积极运转起来，能很好地投入到考试中，发挥自己的水平。正如演说家、足球运动员、音乐家等在开始表演之前也有适度的紧张反应一样，紧张说明考生很重视考试。

有些考生一进入考场就高度紧张，这样会影响到考试，就需要调节了。可以采用面部微笑法来进行调节。面部一微笑，就说明面部放松了，面部放松了才会引起全身放松，才能对抗紧张。另外，也可以在正式开考前10分钟左右进入考场，这期间与其他考生聊聊天，也可以消除过度的紧张情绪。

在考试的过程中，有的考生会产生紧张情绪，脉搏加快、面色苍白、额头冒汗、惊惶失措，这就是考场上的过度焦虑症。

对付这种情况，首先就是要沉着冷静，做深呼吸。即用鼻深吸气，不能再吸时，稍停。同时配合腹部内凹陷，然后用口慢慢呼出，配合腹部向外凸起（称反腹式放松呼吸法），同时默念放松、放松。反复深呼吸 3~5 次，这样可以使交感神经兴奋性下降，使副交感神经兴奋性增强。同时可以增加氧气的吸入，二氧化碳的排出。这样不但有利于消除过度焦虑，还可以促使头脑清醒。

然后，可以闭目，臆想全身放松。片刻即可。当症状有所缓解，也不要急于答题，先把试卷从头到尾浏览一遍，做到心中有数，再开始答题。

一个人在精神紧张的时候，为了使心情平静，会无意识地触摸某个物件或者动动手脚，做一些简单的动作。这在心理学上也是一种"心理结构"，例如"抖擞腿"就是最典型的动作。

为了防止考试时的紧张情绪，可以有意识地运用这种无意识的心理结构。比如刻意去玩弄一下铅笔或橡皮等来活动手指，或者用手轻轻敲打膝盖。考前几分钟和考试中做这些简单的动作，会让紧张的情绪渐渐缓和，肩膀的压力也会慢慢地放松。

有些考生在答卷中碰到难题做不出来，出现思维中断，即思维发生紊乱，大脑一片空白，原来会的也不会了，于是很着急，拼命想，可是越急越是想不出来，对考试也失去了信心。这是由于大脑持续高度紧张工作过程中产生的疲劳所致。

调节这种紧张的方法首先是控制自己的情绪，不要惊慌和焦虑不安，进行暂时的遗忘。这时可以暂时休息一下，闭目放松，使高度紧张的大脑平静下来，做深呼吸。深呼吸时默念放松、放松，深呼吸3~5次，可以很快恢复记忆。其次可以通过多种线索来帮助回忆有关内容。例如在哪一章节里就有与试题相近的内容，老师讲那个内容的情景，自己曾做过什么笔记，老师讲解时你曾联想到什么相关的问题。通过这些不同角度的联想，你能迅速回忆起学过的相关内容。或者暂且放下这个题，先做别的题。转变思路，大脑的兴奋点就得到了适当的转移，避开了长时间固定在一点上所产生的大脑疲劳抑制。

4. 避免情绪涣散症

和考试中出现紧张情绪相反，有的考生在考试之中情绪过于低落，精神委靡不振，这就是"考试情绪涣散症"。导致情绪涣散的原因很多，例如缺乏考试动机或动机不强、心境不佳、生理低潮和疾病等。患有"考试情绪涣散症"的考生很难取得好的考试成绩。

有一个人在注册会计师的备考过程中一直都很努力，在外人看来，准备得应该是颇有成效，应该能成功的。可是，结果却出乎意料，在精心准备的三门考试中，只有一门勉强通过。在被问及原因时，他苦笑着说："考前两天时，我情绪突然非常低落，提不起一点精神。这种状态一直持续到考试结束。在考场上，我倒是一点也不紧张，反而感觉松松垮垮的，不仅对题目没有兴趣，而且找不到一点做题的感觉。这样一来，精力也集中不起来，做题时有一下没一下的，好像总是被一个无形的罩子罩着似的，伸展不开手脚，也不想伸展手脚。就这样无精打采地进入考场，又无精打采地走出考场。所以，有这样的结果，我一点都不奇怪。"

"考试情绪涣散症"是太缺乏紧张感的表现，是一种考试的病态，而不是考试的正常状态，更不是考试的最佳状态。

那么，什么是考试的正常状态呢？

能够将自己的注意力专注于考试，基本能全部摒弃噪声的干扰——

其他应试者的举动、监考人的走动、考场里的温度，以及对考试结果的种种猜测等非正常因素。

什么是考试的最佳状态呢？成功的过来人这样说：

"我放松，所以我胜利。"

"有一点兴奋，有一点紧张。"

"成功＝平常心＋苦干＋巧干。"

"放下包袱，轻装上阵。"

"自信乐观有助考好。"

"保持信心，不必太在乎考试的结果。"

"把考试当做真正能展示自己的机会。"

"竞争意识与平常心态并重。"

专家认为，在一些关键性考试，例如中考、高考中，人们产生一些紧张情绪是自然的、正常的，而且是必然的。因为如果没有适度的紧张，人在太松弛状态下，将不能产生考试所需的高度精神集中和智慧力量，因而也就发挥不出最佳的水平。因而紧张并非对所有的考试都有害。

许多研究也证明，适度紧张可以维持考生的兴奋度，增强学习的积极性和自觉性，提高注意力和反应速度等，也就是说，在考试及其准备过程中，维持一定程度的紧张是有必要的。专家指出，紧张的动机和学习成绩呈"倒 U 形曲线"，即紧张水平过低、动机过弱不能激起应试的积极性，学习效率在一定范围内随着紧张程度的增强而提高，但过强的动机表现为高度焦虑和紧张，反而引起学习效率的降低。

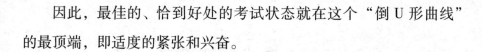

因此，最佳的、恰到好处的考试状态就在这个"倒 U 形曲线"的最顶端，即适度的紧张和兴奋。

5. 自我暗示有佳效

在考场上，自我暗示法是自我调整心态的一种简单、易行、效果好的调节方法。考场上会有各种各样的干扰因素，考生脑中会出现各种各样的杂念，这样势必会影响到自己的思维活动，对考试十分不利。现将考场上常见的不良因素及相关暗示疗法介绍如下：

考场上出现了紧张情绪后，可用暗示法，对自己默念：不要紧张，放松！放松！这样可以使自己的情绪平静下来。

考场上一旦出现了心慌、气短、头昏脑涨等情况，考生可一边深呼吸，一边自我暗示，"不要慌、不要慌……""我已经不慌了。"反复几次就会好多了。

考场上一旦出现了信心不足的现象，考生要一边一手竖起大拇指（表示自信），一边采取积极的自我暗示，"我有自信""困难压不倒我的""我考试一定会成功的"。

这种积极的自我暗示，说明考生清楚地意识到在考场上一旦出现不良情况，需立即用积极心态进行调节，以免消极心态破坏情绪、影响考试的正常发挥。这是主动解决的心态占了上风，是心理健康的具体表现，是考试获得成功的重要环节。

6. 头脑发懵要冷静

考试的过程中，有时候会遇到一些意外情况，头脑一下子就懵了，甚至一片空白，这时候一定要沉着冷静，耐心地寻找解决问题的办法。

有些问题是由于外部因素造成的，比如，发现试卷有印刷的问题，或者老师少发给你试卷了，或者答题中自己的笔突然坏了，这时我们要礼貌地向监考老师举手示意，请老师及时地帮助解决。

更多的时候则是由于我们碰到难题，头脑一下子发懵，心情也慌乱起来。这个时候我们可以先不必急着答题，做几次深呼吸，让怦怦乱跳的心平静下来，或者轻轻闭上眼睛，放松，稳定自己的情绪。要是因为怕耽误时间而心里发急，就会影响自己思维和记忆的效率，反而造成"欲速则不达"。

还有一种情况，是我们在复查的时候发现了错误，这时也容易发懵乃至产生慌乱，有时候反而把做对的题改错了。这时我们要静下心来，再次反复检查是否真的错了。发现错误后，一定要从不同角度用不同思路再次确认是不是真错了，千万不要马上就改。因为我们第一遍做题的时候，思维比较活跃，而且第一感觉往往是比较可靠的，准确的可能性比较大，所以如果不是确定有错误，复查时还是不要轻易改动。

答题时一下子想不起来记住的内容，也是经常出现的现象，我们把它叫做"记忆堵塞"。这个时候我们首先要做的也是要保持冷静，调整呼吸。如果还是想不起来，就暂时搁下，开始做别的题，过段时间后也许你就想起来了。或者后面的某道相关的题给你提供了思路，也会帮助你想起来。

要是回过头来还是想不起来，我们不妨用联想的方法，努力回忆那些与这个内容有关的一些知识，看看里面有没有什么线索。或者好好回忆自己的笔记本和课本。如果这个问题出自一本书，要尽量想象它在书中的哪一页，想象在它前面是什么问题，在它后面是什么问题。这个方法往往很有效，有时候甚至能——回忆出那一页的插图、标题等。这样，问题自然就解决了。因为通过视觉得到的记忆，要比通过耳朵听到的更加深刻，所以它的线索也比较牢靠。反过来，如果我们平常在笔记或书本上多记些符号或插图什么的，也可以帮助我们记忆。

如果经过这么一番努力，我们还是想不起来，那我们只好认了。归根结底，说明我们记得还是不够牢固，准备得还是不够充分，那就什么也别说了，下次再好好努力吧！

考试中还有一个问题也是经常出现的，那就是翻来覆去地去做一道题或者想一道题，结果把时间白白耽误了。

有些同学考试时因为担心出错，总是在一道题目上反复地审题、解题、检查，做一遍不放心，要反复做几遍才放心，结果白白浪费了很多时间。还有的同学碰到难题，本来准备暂时搁下，回过头来再做，可是在做后面题的时候，还是忍不住去想这道题，结果后面的题目也没做好。这个时候我们一定要学会控制自己，做完一道题

后马上做下一道。如果脑子里还想思考上一道题。不要责怪自己，也不要放纵自己的思维，要用你的行动来牵扯你的思维。当你做下一道题时，大脑自然而然地就会跟上来的。实在不行，我们可以先停下来，调节一下自己的大脑，然后全身心地投入到下面的题目中去。

还有的同学考试过程中总是隔一会儿就看看表，我们当然要注意时间的把握，但是经常看表只会加剧自己心情的紧张。特别是在你答题卡壳的时候看表，题目没做出来，时间却在一分一秒地往前走，你急得满头大汗，心慌意乱，自然会极大地影响答题的质量和速度。

考试是一种高强度的脑力活动，它不仅检验我们的知识水平，同时也考验我们的心理素质和应变能力。考试中始终保持镇静，控制住自己的情绪，这一点是非常重要的。只有这样，我们才能发挥出自己应有的水平，考出理想的成绩。

7. 回忆知识有诀窍

考试的时候，可能会出现突然想不起来某一个知识点的情况。有的同学因为一时想不起要用到的知识，而急得满头大汗，影响到下面试题的解答，最终影响了考试成绩，这是非常可惜的事情。因此，在考场上，学会回忆一时忘记的知识，掌握具体的诀窍，对于调整自己的考场心态非常重要。

回忆一时忘记的知识，这种记忆的再生有些像刑警办案一样。刑警依靠留在现场的线索顺藤摸瓜，最后逐步找出凶手。要想回忆已经遗忘的事，也必须靠遗留在脑子里的痕迹，慢慢回溯下去，这样才有可能找出记忆的线索。

因此，当初记忆时所使用的笔记和课本均可能成为宝贵的线索。在回忆具体知识的时候，应该先试着回忆一下当时的情景，那条消息是从哪里得来的，是笔记，是教科书，还是参考资料？一旦回忆起消息的来源，再进一步想想到底在哪一页。"噢，对了！是有墨渍的那一页"，或"有一张大照片的那一页"。这样便可以想起来了。

要想回忆数学公式、英文单词，首先要在脑子里浮现出整体的形态。背英语单词的时候，有些人选择默念，有些人反复写在纸上来记忆，还有些人则只用眼睛看。这些不同的记忆方式，无非都是利用感觉器官给予脑部强烈的刺激。

人类是通过视觉、听觉、嗅觉、味觉、触觉这五种感觉来接受外部刺激的。不过，也有人说："人类本是视觉动物。"为什么这样说呢？因为在五种感官之中，视觉所得到的刺激在记忆中占最重要的位置。假设让你回忆一下昨天的事情，比如关于上学时车站的情形，你可能并不是通过车站的广播，而是以那位坐在月台的长凳上背英文单词的女学生为线索，慢慢地回忆出全部。

例如，在考试的时候把答案忘记了，或者认为可能不太正确，缺乏自信时，视觉上的记忆便能发挥意想不到的效果，比方说英文单词 very 而不是 berry，只要在脑子里写一下，你马上就能发现哪个正确。

若想回忆人名、年号时，闭起眼睛想一想整体的形状。例如："一九六九年"并不是将它拆成一和九、六和九的单独数字来记，而是四个数字连在一起记。因此，平时要多练习依靠视觉的记忆方法。

忘记答案时，反复看几遍问题可以从中得到启示。解答不出某道题的时候，可以仔细看问题本身，看看里面有没有什么提示帮助你进行回忆，或者可诱导出你记忆时的状态。

出题者都明白一个道理，要让解答者写出答案，必须把这个答案的周边内容，通过问题提示给对方，否则出题的意图就不明确了。因此，从心理学的角度来看，出题者都认为为了使考生能够了解问题，必须尽可能地把一切条件都写上。否则，会使人产生误解。也就是说，只要仔细看清问题即可作答。同时，这也包括了问题解法的指针。所以，虽然一时做不出来，但在反复琢磨问题的过程中，也能找出回忆的线索，这种例子每每可见。

有位学生在数学考试时，他以附在问题后面的 a＞0 为线索，想出了原本忘记的数学公式。当出题者写上 a＞0 时即表示："在 a 比 0 大的范围内找出答案"，如果"a 不比 0 大，那么你所用的公式就错了"。这个例子很典型，因此，该学生就是通过写在问题中的提示拿到了分。

恢复记忆，就如从一大堆纸当中，找出一张纸。唯有知道这张纸是在这一堆中的哪一部分，再由那个部分一张一张地找下去，才可能找到。但是有时会忘了用什么顺序收集在哪一部分，此时，除了依次把一大堆纸都找遍之外，没有别的办法。

如果没有办法找到问题答案的线索时，不妨像小鸟一样，不断地撞击玻璃来促进脑部的运动（爆发性的挣扎运动），或者反复默念，使脑部灵活。这个时候，可能突然想起来自己所要的那张纸放在了这一大堆纸的哪个部分，最后把它找出来。

或许有人要问，回忆得有个头绪吧。虽然记忆是各自独立的，但是记忆与记忆之间都有微妙的连贯关系，只是我们未曾发觉而已。就像在毫无关联的纸堆中，你会突然发现自己所要的那张纸一样。同样的，看来平凡无奇的一些行为，比方说用手拍拍脑袋，却很可能帮助你回忆。

8. 开拓思路有方法

考场上解题，开拓思路十分重要。有的同学考完以后说："这些知识都会，可就在考场上想不出来了。"这就是因为考生找不到开拓思路的途径，钻进了死胡同始终走不出来，为了避免这种情况的出现，就需要调整考场心态，学会开拓思路的方法。

思路受阻主要是因为思路窄，就如同打仗一样，明明有军队，但因道路窄或道路时断时续，即使有现代化的部队也不能及时调到战场上。如果开拓了思路，那就好像纵横交错的大道都通向战场。将军可以任意调动各路大军迅速到达第一线，作出最佳的出击。

因此，掌握考场上开拓思路的方法就非常必要。开拓思路，需要在平时下大力气进行练习，要注意各种有效的思维方法。下面就介绍一些考场上可以使用的思维方法。

相似思考法：抓住事物的相似之处，由此及彼，开拓思路。比如，某一年高考作文题是"树木、森林、气候"。不少考生思路局限于自然界里的树木、森林和气候之间的关系，若你使用相似思考法，你就会从自然的思考中超越出来，联想到个人、集体和国家的关系，联想到人才、社会和文明的关系，从社会、人生的层次上做新的构思。

相反思考法：从反面去剖析、反证、推理、概括或理解设想问题。思考中经常问自己："如果倒过来，会怎么样？"例如"老马识途"，可以正面立意，老一代的经验是极为宝贵的；也可以反面立意，老马识的路是老路，老路对现代化建设是行不通的；用相反思考法，正中求反、异中求新，往往独辟蹊径。

对比思考法：将难解的题目和记忆中的某些相似、相反的题进行对照比较，分析题型异同，从而确立思路的异同。例如练过"缩写"这种作文形式，而测试的恰恰是没练过的"扩写"；将这两种方式进行比较、分析、对照，就确定出相应的思路，对提供的内容认真分析综合，确定中心，安排好重点、详略。抓住最能体现中心的场面、细节进行扩充，进行细致、生动的描写，做到内容充实具体，情感真切动人，中心明确而突出。

溯源思考法：在知道一种现象后，不要仅仅局限于现象表层的思考，而要进一步探究现象的本源。比如，关于大兴安岭失火原因的思考题，就可以按照下面的思考法来进行解答。从现象上说，火灾起于肇事者的火种，但为什么会有肇事者的火种？这里有人事原因，人事原因中又有制度原因，制度原因中又有历史原因和现实原因，顺藤摸瓜，问题就越来越明朗。

多路思考法：将思路从各个角度扩散开去，向四面八方辐射。构思《读〈滥竽充数〉有感》，通常从指责南郭先生不懂装懂角度发议论，一旦进行多路思考就会发现许多新的立意，例如批评乐队队长的官僚主义，赞扬齐王"好一二听之"等。

换元思考法：任何事物都由多种因素构成，本质上具有多元性。在思考中，如果朝一个方向行不通，就应及时改变方向，亦即换元。比如，某省的中考作文《家庭的风波》，构思时可以换元为《学校的风波》《一件小事的风波》等进行思考，思路开拓了，再回到"家庭"写风波，就顺手了。

分解思考法：对一些综合性较强的题目，难以一下找到问题的解决方法，便可用分解思考法，将综合题分为若干小问题，一一攻破，然后再综合起来。例如数学证明中，前一个证明的结论为后一个证明的前提，在解题时就可分为两个小问题，依次思考求证，再联系起来求证。

开拓思路不是平原跑野马，漫无边际。它是在特定的题旨下，提供选择项。因而思路一经开拓，就要果断选择，切忌患得患失，优柔寡断。例如有的考生写作文时作了多种构思，沿着这种思路写了一段，沿着那种思路又写了一段，用心不专，都会半途而废。

9. 少受前面的影响

考试之中，失误总是在所难免，应试者出现某一场考试发挥失常的现象也是常有之事。关键是怎样从失利的阴影走出来。而有的考生却在参加过一门考试后，由于发挥得不好，就对自己失去了信心，影响到后面继续进行的考试。所以，学会及时地从先前失利的阴影中走出来，对于考生来说是一项非常有必要掌握的技能。

我们来看看高考状元石锐是怎么做的。石锐在高考的考场上就经历了发挥失常的情况。数学本是她的强项，可她居然来不及算完最后几道大题。好在她平时就以面对高考的心情去面对每一次考试、面对因考试而生的种种情绪波动，所以练就了一种处变不惊的能力，这种能力已成为习惯。这一习惯使她在数学考砸后，几乎一点儿事也没有地美美地睡了个午觉。进入下午考场前，她又走到数学老师面前，将发生的事情坦诚相告，渐渐地，心中的阴影一扫而空。她以前所未有的轻松状态走进自己的弱项——物理的考场，结果她夺取了149分的高分，距满分只差一分。还是那种平静只往前看的心态，又伴随她走进"非优势项"化学的考场，结果夺取了146分的高分。

石锐只是个个案，但是从中我们却可以获得一些启示。当某一场考试失利后，我们应该尽快让自己冷静下来。用"心"做镜子，给自己画个像，画个真实的自己，给自己一个正确客观的评价。应充分估计自己的能力水平，要对自己近来学习状况，特别是下一科的考试科目做实事求是的分析和评估，预测自己在最佳状况下所能发挥出的最高水平，不要盲目乐观，更不能低估自己。

要为自己注射一支"自信剂"，相信拼了就会赢。振奋士气，树立必胜信心，是下一场考试取得成功的关键基础；给自己注射一支

"自信剂"，在战略上要相信自己一定能发挥出最佳水平，而在战术上要认真细致、顽强刻苦、努力拼搏，能拿的分数拿到手，不能拿的不可惜，使自己始终处于自信而不自满、自尊而不自负的心理状态。这样就能够镇定自若、成竹在胸，去一题一题、一场一场地夺取胜利。

过去的不可追，当下的要抓紧。已经成为过去的事情怎么想都没有用。不能控制自己，任凭考试失利的阴影干扰自己的头脑，是没有价值、得不偿失的。不妨告诉自己，"事事不能尽如我意，但求无愧我心"。与其让失利的阴影束缚自己，不如泰然处之，以已学的知识和能力顺应考试，调动能动性，抓紧时间，马上行动起来，尽快投入到下一场考试的备战之中。

失误是难免的，重要的是迅速摆脱阴影，"堤内损失堤外补"，就可以"柳暗花明又一村"了。

第七章　考场答题有技巧

在经过了紧张的复习之后，终于走进了考场，准备了那么长时间，终于到了用武之地。不过别着急，考场上我们还会碰到许多大大小小的问题，千万不能大意。另外，还有一些小窍门和小技巧，可以帮助你在考场上更轻松地答题。让我们现在就来看看，考场答题都有哪些需要注意的技巧。

1.　用好考前5分钟

在进入考场到老师发卷之前的这段时间，可能是同学们感觉最漫长的一段时间。有的同学坐立不安，不知道该怎么办才好；有的同学胡思乱想，猜想着一会儿的试卷会有什么样的题；有的同学就想着怎么能再看会书，怎么能再看会复习资料。其实这样的做法只能让你更加紧张，怎么能从容自信地面对考试呢？我们不妨来听听熊炎兵同学的经验。

"我首先会再次确认我的考试用具是否都在，特别是一些细节上的。比如铅笔、橡皮、作图工具等。如果发现有少东西，也千万不要着急，举手示意监考人员，让监考人员帮忙想办法一起解决。不要害羞，这个时候监考人员肯定是十分愿意帮助你的。

然后我会做一些活动大脑和身体的运动。先闭上眼睛，然后做深呼吸。慢慢地呼气，呼气的同时对自己说："静心、静心、静心。"脑袋里想着自己在美丽宽阔的草原上，微风轻轻地吹过你的脸，风中还有青草的味道。慢慢地，那种紧张感随着呼吸从身体中流出。

做完深呼吸，适当活动一下肌肉，让双臂和双手在身体两侧摆动，或者是向上拉一下手臂，以促使血液循环。要感到流入手掌血的温暖，想象到那种紧张感正从你的指尖流出。

轻轻地变换身体位置，以便让血液流向腋部和后背。注意，要慢慢轻轻地移动位置，免得影响其他的同学。

最后就是不要和同学交头接耳谈论自己的准备情况，因为这样会受到很大的干扰，可能会觉得其他同学比自己准备得更加充分，这样做是很危险的。"

熊炎兵同学说得非常好，利用好这 5 分钟做考前最后一次文具检查和放松是再合适不过的，既不会让你觉得时间难挨，又让你放松心情，一举两得。你不妨也试试吧。

2. 拿到试卷不着急

经过耐心的等待，发试卷的铃声终于响起，监考老师把试卷发到了我们手上。这个时候，是不是要马上开始答题呢？答案是否定的。

拿到试卷后，我们首先要做的就是根据要求，先把自己的姓名和准考证号，准确无误地写在试卷和答题卡上。有的同学看到这里肯定想说："谁不知道写名字和准考证号啊？这一点根本不用讲。"但是实际情况却是，每年的小考、大考都有同学忘记写名字和准考证号，到最后才慌慌忙忙地写上。如果我们一开始就写好，不就省了许多麻烦吗。如果进行的是中考，就对答题有很严格的要求，不小心疏忽了，就很可能丢掉分数，那就划不来了。每年中考，我们都有同学因为违反规定或者没听懂要求而丢分的。比如说，有的同学因为忘记选择试卷的类型，结果选择题的得分是 0 分。这样的教训太多了。所以，大家一定要注意。

认真阅读试卷说明，弄清考试的基本要求。比如主观题要写到答题纸上、选择题涂在机读卡上等。有的同学没有仔细阅读试卷说明，把主观题答案直接写在了试卷上，到后面没时间的时候才发现要写到答题纸上，不得不重新写一次。小考还好，都是自己学校的老师，可以直接交试卷上去进行评阅。但是如果是像中考、高考那样的大考呢？直接交试卷是不可能的，痛失主观题的分岂不是很可惜？所以我们要养成好习惯，这样才能事半功倍。

现在我们已经按照要求写上名字和准考证号了，也看了答题说明，可以做题了吧？等等，我们正式答题前最好把试卷从头到尾大概看一下。看清试卷的页码顺序和页码总数，看有无发错试卷，看试卷有无漏印和错印。监考人员会在黑板上写下当堂考试的科目、时间、试卷的总页数等信息。仔细核对信息，如果发现有错的，立即报告监考人员。有的同学认为这样做很可笑，其实不然。考场里真就发生过作文试卷漏印的情况，而且是每年都有。有一次，一位同学的作文答题纸只有前面一页有作文框，后面就没有了。等报告老师更改答题纸，再把前面写的作文抄过来的时候时间已经来不及了。这样他只能眼睁睁看着作文分失去。正式答题前看一遍试卷，还可以对试卷有一个整体的了解，比如说大概的题型、难易的程度，然后我们就可以确定一下答题的策略，估算一下时间的分配。这个其实也花不了我们几分钟的时间，用一两分钟的时间来让自己心里有数，不是很好吗？

在浏览试卷的过程中，要根据捕捉到的试题信息和自己的实际情况，在脑子中确定自己的答题策略。根据先易后难的原则，确定自己的答题顺序。统筹兼顾，恰当分配各题的答题时间。根据捕捉到的试题信息，联系所掌握的知识点，激活自己的知识网络，稳定自己的情绪，以最佳的心态进行答题。

另外，我们刚开始考试的时候，心里面难免还会有一些紧张。这个时候浏览试卷会让自己的情绪稳定下来，让自己进入到最佳的考试状态。要不然，拿到试卷就答题，万一第一道题就把自己卡住了，自己的紧张情绪不仅得不到缓解，还会更严重，那再调整起来可就麻烦了。

所以，我们拿到试卷后，在正式答题前还是要做一番准备工作，不要抢时间，让自己安安心心、稳稳当当地进行考试，比自己慌慌张张、急急忙忙地答题，效果肯定要好多了。你说是不是？

3. 审清题目再下笔

有的同学一拿到试卷就匆忙作答，生怕做不完而丢分，结果经常忙中出错，快而不准，甚至做了一半感觉不对又重来。其实，每次考试得满分的人总是极少数，大部分同学都不可能得满分。因此，我们的策略不是做完所有的题，而是会做的题都能做对，在准确的基础上再追求快。

我们在答题的时候，要看好题目中的说明。许多同学考试题目还没看清楚，就匆匆解答起来，苦思冥想也找不到解题方法后来发现是因为没看到题目中的某句话或者某个条件。本来是想抓紧时间答题的，结果反而把时间浪费了，这是很不值得的。我们说审题，"审"就包含着仔细弄清题意的意思，题目没审好就答题，肯定要出问题的。

审题时，我们要搞清楚试卷里面有没有分选答题和必答题，不要在本来可以不做的题目上花时间。还要看清楚哪些题目要做在试卷上，哪些要写在答题纸上。以前考试中经常会出现这样的情况，原本应该写在答题纸上的写到了试卷上，等到发现的时候再想抄到答题纸上，时间已经不够了，这样多可惜。

审题时，要弄清题意。审题首先要通过读题弄清题意，对题目所描述的过程、现象有一个清晰的了解，从而把事物发生变化前后所呈现的现象、变化过程的特征等组建成"模型"。如果题意弄不清楚，应再细读一两次题目，直到弄清楚题意为止。对于每道题目的具体题意和要求，要仔细看清楚，别看错了题目。比如说，作文题中有时候会有文体的要求，让你写记叙文，结果你写成了议论文，那写得再好也没用。还有一些论述题中的一些"关键词"，也要注意辨别和分析，比如说"简述""论述""叙述"这样的提示语，虽然只有一字之差，意思却是有差别的。

审题时，要找全信息。所谓信息，就是题目提供的已知条件。审题时应把所有的条件找全，并一一列出。

比如，答理科类的计算题时，一般都是根据题目提供的条件来解答出一个未知数。但是，题目的条件有时候并不那么一目了然，可能会隐藏得很深。这就要求我们一定要找全题目中包含的信息，找全题目的已知条件。它们可能会隐藏在某个关键的字词中，有的可能在题目的图表中，有的是在题目的括号里面，有的是用小字或黑体字标出来的特殊说明，还有的是题目没有给出的但是却是要使用到平时记住的常数。所有这些条件，我们都要通过仔细地阅读题目，把它们一个个找出来。

审题时，要抓住"题眼"。一般难题都有某个关键之处，抓住了这个关键之处，题目就易于解决了，这一关键之处称为"题眼"。抓住了"题眼"就等于抓住了关键，题就容易解决了。"题眼"往往就隐藏在题目的说明之中，需要我们仔细去分析和辨别。当然，找"题眼"靠的是科学的思维方法和平时的刻苦训练。只有在平时复习时多下功夫，才能在考试时迅速地抓住"题眼"。

理科题目中常常一道大题下面会分好几道小题，我们要注意看大题给的条件是不是小题的"大前提"。如果是"大前提",解决小题时就要把大题的"共同条件"与小题的"特殊条件"结合起来考虑,否则就容易误解误答,或者因为忽视了大题中的条件而找不到解题的思路。

审题时,要注意构建"桥梁"。利用相关的知识、规律把建立起来的模型、找到的全部信息、抓住的"题眼"与所求的结论有机地联系起来,构建成一座"桥梁",从而构思解题方案,准确而快捷地解题。

有些大题文字会比较长,看上去很吓人,我们要把题目读好,充分理解后再作答。比如,文科中的材料题或理科中的应用题,题目往往较长。审这样的题目时,我们要注意从整体上把握题目的条件和要求,分清主次,从中找出关键的对答题有用的信息。有时候文字长的题并不一定难,不要被题目吓住,仔细读过就会发现有些文字与解题没什么关系,题目的要求也没那么复杂。

开动脑筋,仔细审题,这是我们做题的基础。只有在这个基础上,我们做题才有思路,才有方向,不会像没头苍蝇一样到处乱撞。所以,千万别忽视了审题这个环节。

审题时,要避免出现这样的错误:一是题意理解不清,用自己平时熟悉的题型盲目乱套,引出错误结果;二是信息找不全,造成条件不够而无法解题;三是粗枝大叶,草率从事,不按题目要求答题,出现不好的结果。

4. 先易后难增信心

每一场考试的时间总是固定的，在固定的时间内怎样才能最有效率地完成试卷，拿到尽可能多的分数呢？这就要求我们根据自己的实际情况，采取一定的战略。答题不一定非要按试卷顺序解答，总的原则应该是：先易后难，先紧后松。

先易后难，即先做容易的题目，后做难题，这是公认的比较有效的答题策略。既然有效，肯定是有它的道理。我们前面说过，正式答题前应该浏览一下试卷，这样不仅对试卷的难易情况和整体结构做到了心中有数，也能大概判断一下哪些是比较容易的题目，哪些是比较难的题目。

在前面的浏览试卷过程中，已经捕捉到了试题相关信息，此时可以根据自己的实际情况，分出你心中的简单题、难题，然后按照先易后难的顺序进行答题。有的同学可能又有疑问了，按从前到后的顺序或者从后到前的顺序答题不行吗？

其实先易后难是有道理的，我们来听听赵静同学怎么说吧。

赵静说："拿简单的题进行热身，不仅可以增加我做后面难题的信心，也能让我的大脑更加兴奋，更有利于做那些难度大、分值高的题，所以先易后难是有一定科学道理的。"

其实赵静同学说得很有道理。刚刚开始考试的时候，我们还有点儿紧张，还没有完全适应考试的氛围，这时候先做几道十拿九稳

的题目，会帮助自己进入状态，之后再做难题，就会更有把握。容易题做得越多，心里就越有底，自信心也会越强。而且解答容易题通常会比较快，可以留出大量时间集中解答难题。把能得分的题先抓到了手，就不会因为到最后由于时间不够用，把能得的分也丢掉了。

一般来说，一张试卷的难易程度总是适中的，容易题和中等难度的题占大多数，真正比较难的题是少数。所以，我们要尽量做到"基础题全做对，一般题一分不浪费；尽力冲击较难题，即使做错不后悔"。就拿数学题来说，如果你保证基础题全做对，就已经可以得到一个不错的分数了。而且在完成大部分的基础题后，大脑思维会处于比较兴奋的状态，有利于我们去攻克后面的难题，取得更高的分数。根据这些情况，考生答题贯彻先易后难原则是合理的。

先易后难地答题，就是首先按题号顺序认真审题作答，遇到一时不会或是很繁琐而且分值又不高的题目就先做个记号跳过去，继续往下做，直到把会做的题全部做完，再回过头去做那些一时不会的题目。这样做有个好处：完成了大部分基础题，得到了保底的基本分数，有利于在此基础上再夺高分。

先易后难，是使自己在不断取得成功的基础上，保持积极、愉快的情绪，有利于消除刚迈进考场时的紧张心理。

先易后难，是在完成大部分基础题之后，能较充分地激活大脑中的知识结构，使自己的思维处于兴奋状态，利于攻克后面的难题，取得高分。如果一开始就去做分数较高的难题，一旦攻克不成功，不仅会耗费时间，也会使信心受到打击，最后甚至连会做的题也没有时间做或者做错，导致考试失败。

选择从简到难的答卷方法，不仅能节省时间，同时也有助于解决原本以为无法解决的难题，就是说它还会产生解决难题的积极意识，想想看你是否有过这样的经验：当你的情绪处于最佳状态时，无论干什么都容易得手。人的精神状态都有一个最佳期，在这期间做事情都会比较顺利，一般人称之为走运。从心理学的观点来说，这就是当人的心理产生正面的因素后，会引发出更好的一面，结果是一步胜似一步，并且还能发挥比自身实力更大的能量。这并不是说回答一个问题之后，就会产生这种状态。不过，顺利解答出两三题之后，你的士气自然会大增，并且能产生向难题挑战的勇气。

和"先易后难"含义有些近似的一个原则是"先紧后松"。这就是说，刚开始答题的时候，应该尽量抓紧时间，不要松懈，要多留点时间给后面的难题和试卷的检查。其实"先紧后松"和"先易后难"在道理上是相通的，就像我们前面说的，容易的题我们可以抓紧一点，这样就会有比较充裕的时间来研究难题了。

当然，任何策略都不是绝对的，也有的同学愿意在考试前面自己头脑比较兴奋的时候来做难题，难题解决后再来很轻松地做容易的题目，效果也还不错，这就要看个人的情况了，不一定要强求一律。不过对大部分同学来说，先易后难、先紧后松，还是更有效一些。

5. 时间安排要得当

一些同学考试失败，不是败在自己掌握的知识和能力上，而是

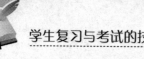

败在考试时间的统筹安排上。他们一出考场，就遗憾地说："不是不会做，而是没时间做。如果再有 5 分钟，我就……"

一场考试 2 个小时，这叫可用时间。每个同学的可用时间都是一样的，是绝对公平的。但在 2 个小时的可用时间中，你的实用时间是多少呢？为了使你考试的实用时间尽量接近或等于可用时间，必须学会时间的科学统筹，做好时间预算。

在考试中，有一些因素导致同学们不能科学使用时间，我们必须找出这些表现和原因，才能有针对性地进行改善。如果你在过去的考试中，有过时间不够的体验，那么请你认真想一想，下面一些情况你是否存在？

在开始考试时，没有浏览试卷，没有确定自己时间使用的策略。

写字精雕细刻，非常工整，生怕字写不好被老师扣分。

缺乏时间观念，以为时间很多，书写太慢，造成前松后紧。

答题抓不住重点，该写的不写，不该写的写了一大堆；或者没有重点，面面俱到，浪费了时间。

遇到难题，有攻不破不罢休的习惯，结果陷进"泥潭"，浪费了不少时间，最后会做的题也没时间做了。

如果存在上面提到的这些问题，就说明你的考试时间安排不合理，考试时间不够就在所难免了。那么，考试时间应该怎样合理安排呢？

考场上的时间安排，要根据自己具体科目的强弱、试题难易程度的不同而灵活对待。

如果考试科目不是你平时的拿手科目，那么你应尽量先易后难，在确保做一道题目得一个题目的分的情况下适当地提高你的速度，为后来解决难题争取更多的时间。换言之，你千万不能"吊死"在一道题目上，思考超过 3 分钟仍然没有一点头绪的，最好放弃，继续做后面的题目。如果这个科目是你的弱项，你就应该适当放慢速度，保证做一道，对一道。不求能全部做完，只求我会的都能拿到分。说不定这样的效果比着急做完的效果更好。

在考试开始前后，通过浏览试卷来了解试题的难易程度。如果试题较容易，就意味着每道题自己都得花时间作答；如果试题中等，有一定的难度，则应抓紧时间做好前面的基础题，节省一定的时间集中力量攻难题；如果试题很难，估计自己不可能做完，则应把时间花在会做的试题上，保证得到基础分数。

另外，考场上时间分配，要考虑到每道题的分值，要有一个"分数时间化"的概念。分配好时间后，我们做题的时候就有了一个参照，不会在一道题上花太多时间，影响到后面的题目。

一般情况下，分数越多的题目，我们应该留出越多的时间。以满分为 100 分的试题为例，原则上赋分为 1 分的题目，应在 1 分钟内做完，赋分为 5 分的题目，应在 5 分钟左右完成。与其用 10 分钟去做一个只有 1 分的选择题，还不如把它花在一个 10 分的大题上。比如说某道题本来大概计划用 5 分钟的，但是 5 分钟过去后还是没有眉目，那就要果断地暂时放弃它，做个记号，有时间回头再来做。

考场上对时间的科学安排，还包括对于书写速度的合理把握，比如，在一些自己认为时间不够充裕的考试中，要尽量提高书写速度。只要字迹清楚，评卷员不会误解即可。另外，要注意了解每科的评分标准和答题规范，使自己能花最少的时间去换取最多的分数，提高时间的价值。

在考场上，当剩下的时间不多，而自己又没有答完试卷的时候，就更应该有时间概念，要坚持先易后难、取大弃小、优势优先的原则，这样才能更加充分地利用有限的时间。

需要特别注意的是，为了充分利用考场上的时间，最好不要提前交卷。即使你已做完所有的题，也已作了复查，也不要提前交卷。如果你每科都能利用最后的三五分钟发现一个错误，那么成绩将是巨大的。要力求使属于你的可用时间全部变成你的实用时间。

考试是一个强度很高、时间很紧的活动，要完全合理、有效地分配和计划好时间，并不是一件容易的事。这就要求我们平时多做这方面的训练，做题和测验时学会严格控制时间，培养自己对时间的掌控能力。比如，做模拟试卷的时候，可以给自己规定时间，把它当做一次考试来进行。为了在考试中节省时间，平时还要训练做题的熟练程度，提高解题的速度。这些都是我们平时要充分注意的。

浪费时间是一个非常坏的习惯，坏习惯是后天学来的，也一定可以用科学训练的方法把它改掉。建议你平时做作业、练习、考试，都给自己定出时间标准，例如5道选择题，除去抄题时间，要在10分钟之内完成。达标的，给自己一点小奖励（比如吃颗巧克力），做不到的，给自己一点小惩罚（比如少看10分钟精彩的电视节目）。只要平时做到科学用时，考试就不会败在时间的手下了。

6. 规范答题少丢分

有的同学，考试时题题都会做，离开考场后"自我感觉良好"，但却得不到高分。究其原因，是由于字迹潦草、书写草率、不懂答题规范而被扣掉不少分。如何减少被扣分呢？这就需要在答题时注意字迹清楚、卷面整洁、格式正确、作图规范。

答卷写字不一定要很好，但要力求清楚，让评卷人易读易认，不至于误解你的意思。卷面整齐、清洁、格式正确，能给人美的感受，给评卷者留下良好的"第一印象"。

当然，没有哪份试卷会因为卷面整洁而得到额外的加分，但是别小看了它对阅卷老师的影响。你想，如果你是一个阅卷老师，看到一份涂来涂去乱七八糟的试卷，肯定一开始就没什么好印象，觉得这个同学不是粗心大意，就是思路混乱，成绩肯定好不到哪去。这个印象当然不一定准确，但是它却会影响到老师给分，特别是对主观性比较强的文科类考试。相反，一份整洁美观的试卷，马上就会引起阅卷老师的好感，无形中就增加了"印象分"。

这么说来，保持卷面的整洁可不是一件小事，大家不要掉以轻心。如果担心太注意卷面整洁会影响考试时间的话，那么我们平时就多注意这方面，养成良好的习惯，就不用担心耽误答题了。

说得再具体一点，至少应该注意以下几个环节。

答题时，要做到卷面整洁，句与句、字与字之间，最好要留出一定的间隔，不要一开始就写满。这样既看着清楚整洁，也有利于我们把新想起的内容或答案加进去。

答题时，答案布局要力求整齐，文字要工整，特别是作文和大的论述题，要尽量避免涂改或龙飞凤舞等现象。

答题时，答案要简明扼要。作答时，特别是论述题，不要认为写得越多越好。评卷时是按观点（得分点）给分的。写得再多，观点写不清、写不全，同样得不到分。答案只要简明扼要，该写的观点写全了即可得满分。写得太多、太繁，反而让评卷人找不到你要说的观点，弄巧成拙，反而害了自己。

答题时，要注意不留空白，尽量作答。对某道题目，有的同学一下子想不出或想不全答案，就干脆全部留空，一字不写，这样不利于争分。特别是对于不倒扣分的题目，你都应力求把自己所知道的内容都尽量写上；有的计算题，能写出该题所用的某个公式，能列出某一个方程，有时都可得到不少分数，这样的机会你不要随便放过。

在绘制图形、图表时，一定要借助绘图工具（直尺、圆规等等），不要随手乱画。另外还要注意的是，不要用彩色的笔在试卷上勾画，这样会有做标记的嫌疑，是违反考试纪律的，会受到扣分或试卷作废的惩罚。规范而准确地作图，除可准确表达你的意思外，还可帮助你思考，能引导你得到正确的答案。

保持试卷的整洁，也有利于我们考试时思路保持清晰。如果你总是涂来改去，那肯定是没想清楚，而这又会让你的思维更加混乱。清楚认真地书写解题步骤，可以让我们的思考保持连续性，不会受到干扰。即使题目没有做出来，已经很清楚地写出来的解题步骤，也是会得到分数的。

另外，考生要注意了解评分标准，按规范答题。每次考试，都制订有严格的评分标准，怎样答可得分，怎样答不给分都有严格的规定。在考试前，通过你的老师，了解各科的评分标准、答题规范，并经过一定的训练，使自己的答题符合规范，这也是获得高分的一个策略。

例如理科的应用题，一般是按方程给分，能列出解题的方程即可得到大部分得分。当你时间不够时，只要把解题的方程列出，不解出结果也可得到大部分得分。又例如理科考试的评分标准有一条规定：因上步错误而影响下步结果错误的，不重复扣分。当你无法解得第一步的结果时，只要下一步解题的全过程写出（解法不能错），也会得到下一步的分数。

7．粗心大意最可惜

我们考试时最容易犯的毛病，恐怕就是粗心大意了。明明是自己会做的题目，就是因为不小心，最后把答案做错了。虽然事后总是很后悔，但这个毛病却不能引起我们充分的重视，总以为下次再认真细心一点就好了。结果等到下次考试，还是会犯同样的错误。

我们怎样才能克服这个毛病呢？

首先，我们在考试中，对自己会做的题目，在确信自己的解题

思路正确之后，第一遍解答时就要力求准确无误。虽然可能会多花点时间，但从整体上看还是节省时间的。有时候我们粗心大意，就是因为觉得自己还有时间检查，可以检查出错误。但实际上，即使有检查的时间，由于我们的思维定式，并不容易查出错误。而且复查时，如果发现了错误难免会紧张，紧张的情况下改错，还可能会出现新的失误。所以，无论从节省时间上，还是从避免无谓的考场紧张这两方面看，力争第一遍做对都是很有好处的。这是帮助我们克服粗心大意的一个重要办法。

为了争取第一次就做对，我们答题时一定要细心，要认真对待每一个步骤，尤其是那些比较简单的步骤。有的同学觉得细心是天生的，其实细心也是可以训练的。有一个方法就比较有效，平时不妨试一下：每天花 20 分钟按顺序从 1 写到 500，什么时候中间不出错误，就说明你已经足够细心了。

考试时粗心大意，有时候也跟我们精神不够集中有关。一般来说，我们在考试的时候都处于比较紧张的状态，但是偶尔有所松懈的时候，就容易犯粗心大意的毛病。比如，好不容易做出了一道难题，心中松了一口气，结果却把最后的答案写错了，这种事情是常常发生的。为了防止这种错误，我们自始至终都要保持镇定的头脑和高度集中的注意力，不要因为自己会做某道题而乐昏了头。

我们粗心大意的毛病，常常都是犯在比较简单的问题上。简单的题往往比困难的题更容易出差错。实际上，所谓的粗心大意并不是由于精神紧张或感到困难才发生的，而是在精神松懈的简单工作中才产生的。明白了这个道理，我们在遇到简单的题目时，脑子里就要多一根筋：这个题目我一定要做对，把分数拿到。

8. 易错情况要注意

什么样的考题更容易出错呢？有的同学可能认为是难题容易出错，但实际情况却并非如此。以下是几种容易出现错误的情况：

简单的问题比困难的问题容易出差错。我们越是遇到面熟的题目，越是要小心，要仔细审题，不要简单地把以前的思路和方法照搬过来。命题老师往往会利用我们这样的心理，在里面偷偷地设置一些陷阱。有些题目常常只是改动了个别字词，或者变换一下角度，重新规定范围，那么解答的方法就会完全不同。所以，我们一定要保持高度警惕，注意避开陷阱，不要被它熟悉的外表所迷惑。遇到这种题目的第一反应应该是：这道题容易错在哪里？我看出来没有？

原来的翻砂厂都是人工劳动，当工人们抬着钢锅将通红的铁水倒进一个个模具时，都是十分紧张的。然而，在这样危险困难的作业中，却很少会发生烧伤等事故，但是在清扫炉膛或加煤块的简单工作中，却会发生一些严重的烫伤等意外事故。这让人难以置信，但却是事实。实际上它说明，所谓的粗心大意并不是由于精神紧张或感到困难才发生的，而是在精神松懈的单纯工作中才产生的。考试中也存在同样的情况，因此，认为问题很容易时更应该抱着慎重

的态度。

有一个这样的心理学实验：让被实验者反复看几张年轻女性的照片，然后再让他看一张抽象的图片，问他看见的是什么，大多数人回答是："年轻的女人。"

其实，这张抽象的图片可以看成是年轻女人，也可以看成是个老太婆，但是被实验者却不会把它看成是老太婆。

这表明了人反复经历一件事之后，其残留的经验结构会停留在脑子里，一旦遇上相似的事，就会产生将其看成同一结构的倾向。

在做考题的时候，也会出现这样的倾向。当考卷上的问题和以前做过的问题相似时，我们就会立刻想，"这个问题我很熟悉"。如果有了这个想法，不管问题本质的差异，就认为这个问题和自己知道的问题相同，结果往往会使做出来的答案全部错误，而自己还自鸣得意。因此，越是遇见类似的问题，越是要细心观察是不是真的和以前的问题相同。

认为"我以前练习过了"，结果反而因此而做错，那么练习再多次也都是徒劳。

练习量越多的人，越容易贸然断定。在考场上如果看到完全陌生的问题，则必然会产生很大的精神压力。事实上，每一个考生都希望在拿到考卷的一刹那，有似曾相识的感觉。可是，这种"我见过这道题"的情形却更容易使人陷入圈套。这就是所谓的"贸然断定"。同时，出人意料的是，练习量越多的人，因贸然断定而失败的倾向越强。这是由于勤勉用功，做了很多练习题，所以很容易会有轻视的错觉。这个概率越高，其失败的可能性越大。

人可分为思考型和行动型两种，其中后者居多。思考型的人都是经过一番深思熟虑之后才行动；而行动型的人尚未仔细看清之前就跳过去了，也就是没有看清题目便盲目去做。

然而，像这种贸然决定或粗心大意的行为，在日常生活中不一定都会有反面的影响。因为周围的人会认为"他又粗心大意了"而将其视为一个笑话，结果反而使他能圆滑地处理人际关系。但是在考场上这种情形却只能导致失败。因为练习量越多，越容易有这类的倾向，所以考场上必须特别小心。

越是认为这个考题自己非常内行，越是需要更加仔细去做，切忌贸然断定。

答题时若放松警戒之心，则容易出差错。据有关部门统计，在失物招领处领回遗失物品的人，经常在办手续、填表后，就自行离去，忘了把领回的东西带走。这是由于找到了重要的失物后，心里松了一口气，使原有的紧张感消失，结果还是忘了东西。

考试的时候也会发生相同的情形，在好不容易解答了一个难题而松了一口气时，却把应该写的答案写错了。虽然在考试时一直维持紧张的心情是不对的，但是如果因松懈和粗心大意在原本不该写错的地方写错，那就后悔莫及了。

为了防止这种错误，应该自始至终都保持镇定的头脑，尤其是在考试时，不要因为自己会做而乐昏了头，也不要因为不会而耿耿于怀，总而言之，就是要避免感情用事。要认为答题时是最重要的时候，一题一题仔细地确认，必能发现写错的地方。

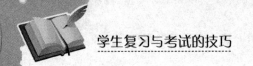

9. 陌生问题这样做

假如遇到从来没见过或听过的问题，大部分的人都会因为觉得"无法解答"而打算放弃。但是，如果平心静气地把这个问题再仔细看一看，那你一定会发现，虽然这看来是个陌生的问题，但是曾经做过与此相似的题目。

遇到新的问题时，必须先看看"这道题和我所学的哪一项基础问题有关"，这才是最重要的。我们越是无法判断一件事的白或黑时，就越是无法向弱的性质耐性挑战，这在心理学上称为不确定耐性。因此，对于陌生的问题会立刻产生拒绝反应，这也在出题者预料之中。然而，陌生的问题并不代表就是困难的问题，出题者只是想使你的心志动摇，所以在考试题外包装上一层陌生的外衣，实际上大部分都是可依靠基础知识来解决的简单题。

为了不受出题者这种心理战术的困扰。越是陌生的问题，就越需要冷静。将静下来后将陌生的外衣撕去，必可发现其实是很简单的基础问题。

比如，在语文和英语里出现了生词时，每个人都会先从记忆中搜索其表达的意思；但如果在记忆的贮存库里没有找到，再怎么想也想不出它的意思时，最有效的方法就是寻找它的对应语。一般来说，字词通常都是一对，在题目中总能找到与它相反的对立概念。例如：生和死，昼和夜，男和女，爱和憎等等，不胜枚举。当我们想要表达某种事物的时候，为了能说明得更明确，一般会用对立的概念来强调。

比如，在英语试卷上，经常会出现一些我们没见过或一时忘记了的单词；在语文或政治的考试时，也会看到出现新的时事用语和专用术语。

这个时候，首先不要慌张。阅读一下全文，如果是要解释一段很长的英语问题，并不一定要一字不误地全部翻译，有时省略一个单词不翻译，意思仍然通顺。假如不知道这个单词的意思，而又非译不可时，可以用这样的方法来处理：依照文章的前后关系，或者看那个单词和整篇文章的关系来推理其意思，即使不了解单词的本身意思，一样可以用一般的常识来作出全盘判断。只要掌握了这篇文章到底表现什么，即使一个单词的解释不对，也没有大的关系，至少能推测它是属于哪一类。

需要指出的是，对我们来说不懂的单词或术语，在题目中本身就会显露出一些它的含义。如果题目中出现了陌生的句子而感到束手无策时，可以利用下面的方法来解决。

进入正题之前，先回想一下我们平时说话和写文章的情形。

平常除了比较简单的事情叙述之外，说话人为了表达明白自己的意思，会用尽各种方法、各种语言形式来反复说明同一件事情。例如在谈话时，我们会说："我昨天去买了一种叫拍立得的相机，就是那种马上可以看到相片的照相机。"同一道理，考卷中的难解文章中，也有相同的一句话，使你可以理解陌生单词或术语的含义。

一般的文章，如果我们稍加注意就可发现，文章里头常有括号，或者有"就是""即是"等很清楚地表示换个方式再说明一次的提示词，那么这句话一般表达的就是一句陌生术语的含义。但是，太过于呆板地表达出来，会使文章显得不够通畅，所以大部分都是在文章里，以不同的方式自然而然地表达出来。例如："近来，双方已不再发生干戈，而迎接休战的日子。"如此，"干戈"就是"战争"之意即可一目了然。

当然，采用了以上的方法以后，可能还是会有确实搞不懂的地方，那么，这个时候我要学会将其省略。在考试的时候，如果英语或文言文的解释，出现了自己看不懂的句子，有人会干脆放弃整篇或整段文章的解释，这是不明智的做法。如果有一部分看不懂，可以省略这部分，并试着去做部分的答案看看，也许在回答的过程中，你能了解你所不明白的部分。就算仍不了解，也比完全空白不答要好得多。对不懂的单词也是如此，遇到不懂的单词时。就把这个地方省略，只靠明白的部分去类推，大致上都能掌握大概意思。

同样的，对于考试中出现的一些指示语，如果不能了解其内容时，保留即可。语文考试中一会出现"其"字，英语解释题中也会出现"It"这样的指示代词，这都经常使许多考生感到困扰，因为不知道它到底代表什么。好像是表示甲，又似乎是指乙，如果要是乱猜，最后很可能会发现错了。因此，没有十分把握，最好仍然用"其"来表示，这比胡乱猜测而写错要好得多。因为写"其"，不一定是指甲，也不一定代表乙，所以不容易被扣分，这也是考试的秘诀。

10. 难题也要啃两口

为了考查同学们的能力，每个学科的考试，都会设置一定分量的难题。根据试卷编排的原则，难题一般都放最后，所以也叫"压轴题"。近年来为了减少同学在整个大题（难题）丢分，出现了把部分难点散到其他题上的做法。因而，有时填空题、选择题中也会出现个别难题。考试中我们难免会遇到难题，特别是对成绩中等的同学，遇到难题怎么做才是自己最有利的呢？

首先，碰到难题不要惊慌，要沉着对付，要以平静的心态来对待它。越慌乱越紧张，就越不容易找到思路，要避免由此而引发考试焦虑。我们应该这样想，"难题虽难，只要我沉着对付，也是可以攻克它的""既然是难题，能攻克最好，不能攻克也是理所当然""我碰到难题别人也碰到，可能我答得还比他们好"等，慢慢从紧张情绪中把自己解脱出来。

其次，让自己的心绪平静下来，冷静地思考一番，如果很快就能确认这道题对自己确实是比较难，那么就不妨先放一放，先用铅笔做个记号，然后坦然地去做后面的题。许多时候将难题暂时放一放，等到做完其他题目后再来解答，往往心底会豁然开朗；或者是在做后面的题时得到启发，回过头来能够迅速答出遗留的难题。这也是我们前面说的"先易后难"原则的体现。

碰到难题，要注意仔细审题，在审题的过程中找到突破口。难

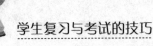

题一下子做不出来，应多读几遍题目，重新审题，把原来自己审题的错误思维去掉。选择新的角度，以新的思维方式重新思考，就有可能找到新的突破口。

攻克难题需要激活自己的知识网络，找出知识间的内在联系。难题之所以难，一是知识的综合度高，二是能力要求层次高。因此，要充分调动自己知识网络中有关的知识，回忆自己解过的难题中有哪些解题思路与之相似，有关联，找出它们在知识点和解题思路间的内在联系，通过分析、综合、归纳、演绎、推理等思维过程，即可得到解决。这有赖于平时知识网络的建立，也有赖于平时的思维训练和解题思路的归纳、总结。

一道难题，并不是同学们一点都不会解，而往往是整个解题思路中某一点卡了壳，没想通而已。如果就这样一字不写，全题放弃，则没有显示出自己懂的是哪部分，全部丢分实在可惜。如果我们能把解题过程中自己懂的部分利用一定的文字、符号、公式、方程等展示出来，即可得到相应的分数，这点应引起大家的重视。

等到回过头来再来做这些难题的时候，如果还是没有什么好的思路，这个时候我们不妨"绕道思考"。做难题时，我们常常会翻来覆去地按照同一个思路来思考，走进一个死胡同出不来，这个时候再好好读一下题目，换一种思路，说不定会有意想不到的收获。

遇到难题的时候，我们一定要避免"浅尝辄止"，不要稍微花点时间就"弃城而逃"，打一枪换一个地方。如果我们是在各种题目之间来来回回地折腾，不仅浪费了时间，还会让自己的思维无法集中，思路不能连续，结果只会更加慌乱，最后可能连一道难题都做不出来。

在开发创造或解决问题时，经常被使用的方法之一，就是确认表法。因为当人的思考一旦受阻碍时，都会反复做相同模式的思考，而容易走入死胡同。这项确认表法的功能即在解除这种困境。

使用这个方法的要诀是预先列举有关问题的一切条件，再配合需要来确认问题。任何问题都有几个共同点，例如"加大之后""缩小之后""扩大之后""倒过来看""切断来看"等，可以从各种角度来进行分析。

这个方法也可应用于考试中无法解决的问题。例如：在几何学上的"辅助线""连接点""中点"，代数中的"等于复数时""等于零时""等于整数时"，等等。在平时读书时，就应该把注意的事在脑中列一张图表，考试时能迅速地网罗一切的图表。

这样一来，不仅可避免因为思考而浪费时间，而且在遇上难题时能立即改变观点去思考。也就是说，遇到困难的题目时，绕道思考应当用确认表法来进行。

在遇到难题而感到迷惑时，要依赖"第一感"去回答。大家都有过这样的经验：考试时，脑中常常会浮现出两种以上的答案，但不知到底哪一个才是正确的。而"第一感"也就是最先想到的答案，大多时候是正确的。

因为我们回忆的时候，大都是按照自己写的习惯或说的习惯，而在无意识中浮现于脑中。也就是虽然自己没有多大的自信，然而由于有那样的积累，才会很快浮现出来。但是，在这以后所想到答案，一般都是以理论来思考，出现了几种可能的答案，这也就包含

了勉强找出来的因素。有些汉语或英语的拼音视觉性倾向更强，十之八九都是最先想到的比较正确。

如果对一道难题，我们做了比较充分的思考，确实感觉在自己现在的能力范围之外，再花更多的时间也不会有很好的结果，只会影响做其他题目。这时就要学会果断地放弃，争取在其他更有把握的题目上把失去的分数补回来。不过即使是决定放弃，我们最好也不要让这道题完全空着，还是要尽量把自己知道的写上去。比如用到的某个公式，能够列出的某一个方程，可能的答题要点，这些都应该写上去。因为现在评卷都是按步骤给分的，即使没有把题目做出来，能够答出一些要点，或者列出几个方程，也会得到不少的分数。既然我们已经花了时间思考了，就要尽可能地把这个思考转化为卷面上的分数。

面对难题，如果完全没有信心，就用猜题的办法。试卷上一点未答，完全空白的题目，结果肯定是零分。空白是零分，答错了题也是零分，结果一样，那么就应该随便猜一个答案，也就是利用猜题的方法，即使完全错了，也无所谓。

但是，如果很幸运地猜中了，就可能在一些一知半解和客观性问题上拿到分数。猜中是非题答案的概率，在先天上就占了一半，而猜中三选一的选择题的答案也有33.3%的概率。考试时，经过长时间而想出的答案和随便猜中所得的分数，是一样多的。

最后还想说的是，如果我们经过了一番思考，终于做出了难题，那当然是可喜可贺的事情，相信你当时心里面一定是兴奋极了，这就是对你平时努力的最好回报。如果我们没有做出来，也不要泄气，毕竟我们已经努力了，只不过目前还没到做出难题的水平，那就以后再好好努力吧。千万不要因为一两道难题没做出来，影响了整个考试的情绪，甚至影响到下一场考试，那就不值得了。

11.　不言放弃释潜力

在考试中，我们常常看到一些同学一遇到难题就躲，理由是：我肯定做不出来。他们根本就不敢去尝试，白白把分丢掉。其实，一个人所具有的潜力往往比他自己所认为的要大。当你在困难面前似乎已经无能为力的时候，如果你能够进一步挖掘，而不是就此灰心丧气，那么你有可能会发现自己原来还蕴藏着巨大的潜力，还可以做得更好。成功往往就取决于你是否愿意努力向前再多走一步。

下面的这个例子或许能给我们一些启示。

考场上，大部分同学都在紧张地埋头做题，只有一个女生显得有些局促不安。她时而双手托腮，陷入沉思，时而手拿铅笔在草稿纸上漫不经心地乱画，时而拿起手表不耐烦地看看时间。

然后她居然伏在桌子上，似在休息。过了几分钟，她抬起头来往两边看了一下，其他同学仍在认真做题。她只好又拿起笔来随便画。

当她这么漫不经心地画了一会儿后，忽然间她似乎发现了什么新线索，一下子警觉起来，便改用直尺来仔细画线，然后认真地计算。慢慢地，她的眉头舒展开了，并高兴地微笑起来，随即把刚才

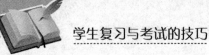

在草稿上写的东西仔细地抄到试卷上去。

原来这里正在考数学。这位女生做题的速度比较快，她提前半个多小时把所有能做的题目都做完了，只有一道题还没有做出来。她把做过的题目检查一遍后，再集中精力思考最后一道题。那是一道立体几何题，似乎相当难。她几乎是绞尽了脑汁也没有任何头绪。她很想放弃不做了。可是此时离交卷时间还有 15 分钟，其他同学都还在认真做题，她不好意思第一个提前交卷。她只好在草稿上随便画画图。结果她不经意间把那道题的图形中的一条关键辅助线画出来了，与其他的线段联系起来后，这道题的解题思路便一目了然。就在她将要彻底放弃的时候，忽然间她找到了正确的解题方法，最终把这道题做出来了，因此她露出了成功的微笑。

这位女生的成功告诉我们：无论任何时候，切莫轻言放弃。

有时候有的题目对我们来说似乎真的很难，无从下手去解答，如果就此放弃，似乎无可非议。只要我们把大部分题目做好，放弃这道题成绩也不会很糟糕。但是，如果还有足够的时间让我们去思考的话，我们不妨继续努力一下，充分调动自己的积极性，打破原来的思想框架，从不同的角度来思考问题，说不定你会惊奇地发现，原来自己还可以继续发挥潜在的聪明才智，能够做得更好。这就是你的潜力。只要你善于挖掘，常常会有意外的收获。

在考试中，我们以充分发挥个人的能力，在规定的时间内迅速而准确地做完所有的试题为目标。因此，我们不应该轻易放弃每一个可能得分的机会。对题目的解答一般可以分为几个步骤，或分为几个层次。有的题目虽然我们不能全部给出解答过程，或不能得到最后答案，但是能做出一步就做一步，哪怕只是列出了一个方程式，或只给出一步推理，一句评论，也可能会有得分的机会。不要认为不能全部解答出来，就干脆放弃不做。也许在你做出第一步以后，从中得到某种启发。最终有可能会豁然开朗，得到完整的解答。

12. 注意用好草稿纸

有的人可能会认为，草稿纸就是做题过程中偶然用到的"废纸"，认为草稿纸的使用没什么可讲究的地方。有些考生不注意合理使用草稿纸，随意乱画，虽然这不影响最终的评分，却可能给自己带来麻烦。其实，草稿纸的正确使用，对于提高考试成绩也是有很大帮助的。

打草稿时最好要条理清晰，这样便于检查和发现问题。无论做什么事都要讲究个条理，如果没有条理，内心也会乱七八糟，进而产生不安的感觉。答卷也是一样，其实每一道题都离不开基础知识，倘若你不是按照基本原理一步一步地解答，而是东一榔头西一棒子，那么即便某个程序出了错，你也不容易发现。反之，如果解答程序条理分明，不仅有助于你的思考，而且也有利于最后检查。

一般人在考试时由于太慌张，往往只是在脑子里过一遍就匆忙写出答案。这样做不仅会产生混乱，同时在视觉上也容易忽略错误的部分。

在数学或者物理等理科考试的时候，草稿纸也最好保持整洁。

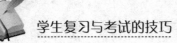

这似乎有点儿多此一举，但其实是有道理的。开始解题时，最好从草稿纸的一角按照顺序，记下思考的过程。每道题的草稿我们都要集中在一起，用笔框起来，并标明题号，而且草稿字迹要清楚。因为草稿纸记下的不只是算出的数据，还记录下了你的思路，整齐的草稿有利于我们检查试卷，发现问题所在。检查时能够节省时间，不需把问题再计算一次，只要留意作答的过程有没有错误即可。至于英文的解释和翻译，文章较长时，也可按照思考的程序，用符号标出主语、谓语、宾语、补语之间的关系，将它们逐一辨别清楚，这样在检查时就一目了然了。

13. 时间快到不做新题

当考试时间剩下几分钟的时候，一般人都想抓紧时间继续做尚未做完的题。但是，如果你想要得到高分，这并不是一个明智的做法。尤其是在数学、物理、化学等计算题上，未写出答案演算得再好也等于零。当然，如果答得正确，就能得到高分，但是像这种计算起来很费劲的大题，即便分值很高，还是不做为好，因为你做不完就等于没做，结果只是浪费时间。

特别是时间快到时，除非确实有把握，否则就不要轻易尝试。

平时，在时间紧迫之下，简单的问题都很难有把握地去思考。在考场上，铃声就要响起时，需要细致思考的问题就更难解答出来了。根据美国一位航空心理学家的实验，同样的一个问题，在地面上和在天空里的解答常常有差异。因为在空中心理会有不安感，所以错误率比较高。

因此，当考试时间即将到时，最好避免再去尝试新的问题，而要集中精力去检查已经做完的答案，这样才能确实把握分数，否则新的没做完，做完的又来不及检查，反而容易丢分。

14. 检查试卷须注意

现在你终于做完试卷了，看看时间，还早呢！再看看周围的同学，都还在奋笔直书呢！你一定特得意吧？这时候要交卷，你就是第一个交卷的了，所有人的目光都会投到你身上。不过先别得意，你检查试卷了吗？

试卷检查是我们考试的最后一个环节，也是非常重要的一个环节。有的同学一离开考场，就发现自己答题"这里错了，那里也错了"，这时你再捶胸顿足也无法挽回了。出现这种现象一般是不重视试卷检查所致。许多同学做完卷子后，不检查或者草草地检查一下，就提前交卷，等到后来知道出错的时候，后悔都来不及了。既然还有时间，我们就不要浪费，哪怕多检查几遍，也只有好处没有坏处。

检查试卷是有很多地方要注意的，越细致越好。一般来说，检查的主要对象是选择、填空之类的客观题和理科类的计算题。文科类的大题（论述、作文）做的时候就要特别注意，如果是离了题，回过头再去改正就很麻烦了。

检查时首先要看有没有漏做的题。检查顺序最好是从头开始，因为做完第一题到做完最后一题，中间已相隔比较长的时间，这时检查不大容易受原来做题思维惯性的影响，错误比较容易检查出来。检查时一定要细心，不能一目十行。检查时如果不认真，速度太快，原来习惯化的思维惯性就会发生影响，看不出错误来。如果时间比较紧张，不可能对每道题都仔细检查的话，那么就重点检查自己不太有把握的题，还有就是运算量比较大的题。

在理科考试中，为了避免思维惯性的影响，我们可以采取一些方法，比如我们可以用逆向检查法，用加法来印证减法，用除法印证乘法。或者换一个思路来做这道题，如果结果还是一样的，那说明原来的答案肯定是正确的。在解方程式的时候，可以把答案代入到方程中，看看方程式是否成立，如果成立，说明答案就是正确的。

对于步骤比较复杂的计算题，检查时一定要细致，每一个步骤和环节都要检查。比如说解方程式有没有丢解或者增根，所有数据的单位和正负号是不是都对。包括那些需要计算的选择题和填空题，符号和单位要特别注意，千万不要搞错。

检查选择题，还有两点要注意。一个就是要相信第一感觉，特别是文科类的选择题，第一感往往最准确，没有充分把握不要改动答案。还有就是要注意看答案选项的比例，一般来说正确答案中各个选项的分布是比较均匀的，比例应该大致相等，如果你的答案中某一个选项出现的次数特别多，那你可要小心了，要反复检查。当然这只是就一般情况来说，并不是绝对的。

检查试卷的过程中，有一些需要注意的地方。比如，有许多考生把试卷检查了好几遍也不能发现错误。这是因为只使用同样的方法检查所致。心理学上的"习惯化"这三个字可以解释这种情形。因为反复受到相同的刺激，会产生自动反应。尤其是在演算单纯的计算问题时，不去检查问题的性质，而只是确认自己所做的答案有没有错误，结果根本没有效果。为了防止这种因粗心大意而犯的错误，就要改变思考模式去检查。具体的方法是改变顺序，或变换方法，从各种不同的角度来分析确认。

检查试卷的过程中，如果只检查答案而不看问题也是不好的。有不少人在检查试卷时，只顾检查答案，没有再去看看问题的内容，如此一来并未达到好的考试效果。由于粗心大意而失败的例子中，有人是弄错了题意，有人是把字母写反了。当然，在考场上每个人都会紧张，但由于粗心而写错答案实在令人遗憾。

有不少人把问题看一遍后，就认为自己已经完全了解了，不再检查就匆匆答题，很容易产生错误。一般人都是对自己写下的答案没有信心而一再检查，对于印刷部分的试题却不太去注意。有时候，出题者知道考生的习惯，便在问题中布下陷阱，假如你粗心而掉进这个圈套，长久的考试准备就功亏一篑了。为了避免这种情形，检查时必须先看题目。平时养成这种习惯，才能发挥自己的实力。

这里还需要提到的是，在数学、物理或化学的考试中，正确答案的形态，一般都比较简单。如果自己做的试题的结果非常复杂，就应该在检查试卷的过程中重点考虑是不是存在计算错误问题。假如经过复杂的思考过程，而所得到的是形式简单的答案，那么可以认为已经接近正确答案了。这也是以出题者的立场而论，答案的形式简单，比较容易阅卷。事实上，考试的目的是要判断考生有无了解原理，是否能正确推演解决问题的过程。所以如果写出的答案是复杂的公式或数字，就应该再分析检查是否错误。

最后要注意的，也是最重要的，就是看看答题卡有没有漏填，有没有涂写清楚，自己的姓名和考号是不是都填对了，千万别因为填写这些东西出错，而搞砸了自己的成绩，给自己带来不必要的麻烦。

你看，我们需要检查的内容是不是还挺多的？是不是应该好好利用剩下的时间？如果你在检查时真的发现了错误，及时地改正了，那你肯定会在心里说：幸亏没有提前交卷，要不然这几分就要丢掉了。

15. 不要轻易改答案

做完所有的试题后，回过头来检查是很有必要的，这样可以对前面做过的题目进行查漏补缺，使你的答案更加完满。但是，有时候我们却发现，有的同学原来写的答案是正确的，在检查时却又改成了错误的答案，这个现象应该引起重视。

一般来说，把所有的试题做完以后，紧张工作的大脑神经就会获得很大的放松，我们的心情也会很快平静下来。

这时候再回过头来以批判的眼光检查前面做过的题目时，应该比较容易发现其中的错误与缺陷。但是，造成把原来正确的答案改为错误答案的并不是那些错误很明显的地方，而是那些你不能确切解答、模棱两可的地方。这种情况常见于选择题部分，尤其是英语的选择题部分。我们可以通过下面这个例子来说明。

假设在一场外语考试中，有一个英语单词或词组你忘记了它的确切含义，而下面有四个选项。也许你可以通过排除法把其中两个明显错误的选项排除掉，可是剩下的两个选项你再也分不清谁对谁错，似乎它们都有可能是正确的。于是你通过猜测选择了其中一个作为答案。当你在检查的时候，还是记不起那个单词或词组的意思，这时你忽然觉得选择另一个答案似乎更好一些。那么，你该不该改变原来的答案而换上另一个答案呢？

我们认为在作出这个决定之前应该慎重一些。只有当你经过一番思考，最终认定原来的答案不好，而且你确实能够列举出原来的答案错在什么地方，或者另外一个选项作为答案的理由或证据是什么时，你才可以修改原来的答案。如果你不能列举出这样的理由，改选另一个答案仍然出于猜测，或者只是一种感觉而已，甚至把这作为一次赌注，那么你最好不要轻易改掉原来的答案。因为有大量的实践证实，你所做出的第二个选择往往是错误的，而第一个同样具有猜测成分的选择的正确率往往更高一些。

那么，我们坚持第一个选择的理由是什么呢？理由是我们作出第一个选择是"趁热打铁"的结果，而作出第二个选择是"冷灰生火"的结果。当我们全神贯注地投入到考试当中时，我们的大脑神经都处在一种积极工作的状态，思维活跃、联想丰富、判断敏锐。这时候我们的思想会源源不断地涌现出来。当我们遇到前面所说的两难选择时，我们最终可能还是靠猜测来选择其中一个作为答案。但是这时候所作的猜测与检查时所作的猜测是大不一样的。这时的猜测有一个正在积极思考的大脑活动的有力支持，有一个大量相关的知识点都被调动起来了的知识网络作为参照，在这种情况下所作出的判断是比较敏锐的，甚至是水到渠成的。有时候这样的判断可以称之为一种直觉。

当我们把试题做完以后，大部分被激活的知识点已经发挥了自己的作用，慢慢地退回到记忆当中，我们的大脑神经也逐渐恢复平静。在检查的时候，大脑神经没有原先那么活跃了，也没有了大量相关知识网络作为背景加以支持。这时候我们的判断敏锐性会降低，在两难问题上的猜测很大程度上只是纯粹的猜测而已，不再是原来的直觉似的猜测，因此判断的正确率会降低。就像是已经熄灭了的火堆要想恢复到原来的熊熊烈火是很不容易的一样。

所以，当我们在检查的时候，如果没有确切的理由认定原来的答案是错误的，或是没有另外更好的答案时，应切记不要轻易改变原来的答案。

第八章 考完还有注意事

考试结束后，许多同学走出考场便认为万事大吉，从此对考试结果不闻不问了；还有一些同学却焦急不安，念念不忘刚刚过去的失手。其实，这两种态度都不对。正确的做法应该是正确对待已经过去的考试，做好总结分析，这样才能在以后的考试中"攻无不克，战无不胜"。

1. 考后不要对答案

许多同学喜欢在考试之后聚在一起对答案，或者讨论一些较难的题目的解题方法，甚至找老师去求证答案。事实上，这是一种很不好的习惯。为什么呢？

因为考试已经结束，对不对答案已经不影响这门考试的结果。你和其他人对答案，如果和别人一样，你也许会感到庆幸，这种情绪不会对你下面的考试产生多大积极作用。相反，如果你的答案和别的同学不一样，那你就不免陷入沮丧、失望的情绪，况且，也许

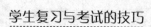

"真理掌握在少数人手中"——你的答案是对的，那你现在灰心丧气岂不冤枉？

湖北省文科状元闫海进这样说："考完之后不要和别人对答案，以免影响自己的情绪，还要做到考一门丢一门，对考完的科目不要再多想，立刻把精力投入到下一门考试的准备中去，绝不能将上一门的不良情绪带到下一门的考试中。"

所以说，考完一门之后，无论你的自我感觉是好是坏，你都应该抛开一切杂念，平心静气、专心致志地备考下一门，争取正常发挥出自己的水平。因为，考后对答案有可能会对你产生很坏的影响。江苏省高考状元李立讲到了自己"有惊无险"的经历。

"语文考完后，我怎么也按捺不住不安的心情。回家的路上，我和同学几乎对遍了除作文之外的全部答案。现在想起来，我仍有些心有余悸。要是那时我和标准答案对过了，非跳楼不可。想想又觉得自己是幸运的，当时我的答案和同学差不多，因而自我感觉良好。要是哪个同学做的和标准答案差不多，可是和我一对答案，以为自己错的很多，影响了以后四科的发挥，那岂不是很不幸吗？在庆幸自己逃过此"劫"的时候，我也得出了这样一个教训：不管怎样，考完千万别对答案，除非有一两道小题实在拿不准，而且不对就吃不香、睡不着而会影响以后的发挥。总之，无论对不对答案，都是为了考完一门忘记一门的目标。好好休息，全力应付下一门考试，这就是我每科考试结束后最深刻的体会。"

看来，考后对答案确实是一个不好的习惯。如果同学们有这样的习惯，要注意改正。

2．接受现实的成绩

所谓"考场如战场"，即使是"身经百战"也难免"马失前蹄"。虽说"胜败乃兵家常事"，然而面对"惨不忍睹"的分数和名次，不少同学还是不能释怀。那么，正确的应对方法应该是怎样的呢？

其实，面对糟糕的考试成绩，面对所谓的失败，一味地自责，或者是像鸵鸟一样把头埋进沙里逃避问题，都无助于缓解焦虑和烦躁的情绪。不妨努力让自己静下心来想象自己将要面对的最坏的结果——是被家长痛批一通，还是被老师训斥，抑或是被周围的同学取笑？但可以肯定的是，你不会被关起来失去自由，明天也不是世界末日。实际上，情况远没有你想的那么糟糕，不是吗？

找出你所能想到的最坏的结果后，试着去接受它，尽管实际上也许你根本没有机会去面对这些结果。强迫自己去接受，实际是为了让我们真正获得一种内心的平静。

一次考试说明不了什么，如果你因为一次考试就否定自己，承认自己是一个"失败者"，那岂不可悲？难道那可怜的分数和名次就能证明你是个失败者吗？坦然去接受"最坏的结果"，反而能让你卸下身上沉甸甸的包袱，获得最大的放松。

当你真正能够心平气和地接受考砸了的现实时，你也就能冷静思考，从而把今后的时间和精力都用在如何避免这种"失败"的发生上。

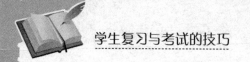

3. 分析试卷找原因

众多考试不仅为老师提供了评价学生知识和技能的机会，也为学生提供了很好的学习机会。有的同学考砸了，一怒之下把试卷撕个稀巴烂，有的考了高分，认为自己已经全会了，将试卷束之高阁，这两种做法都是很不可取的。真正正确的做法应该是，无论成绩好坏，都冷静地对试卷进行一番分析。

分析试卷时，要注意那些做错了的题目，在分析这些题目时尤其要注意那些因为粗心大意而做错的题目。有些同学对自己马虎大意的毛病不以为然，认为有些题目是自己会做的，只是因为不仔细而漏掉了一个单位或者符号，无伤大雅，下次注意就可以了。殊不知，"历史往往会重演"，所以特别要提醒那些眼高手低的同学，只有在平时的考试中养成良好的答题习惯，才能在大考中发挥出自己的正常水平。

需要指出的是，对于一些做对的题目，同样不能忽视，因为你要分析一下，你是"蒙"对了，还是真正理解掌握了知识点做对了。同样的一个知识点，这次考的是选择题，你运气好猜对了，那下次出成了计算题或者填空题，你还能这么走运吗？所以对待学习，万不可抱着侥幸的心理，只有在平时的学习中具备了扎实的基本功，才能在考场上临危不乱。镇静自如，从而正常发挥，甚至超常发挥。

分析完试卷以后，我们就可以找出弱点和可以改进的地方，是上课没有认真听讲，笔记做得不够仔细，是书本上的例题没有理解，是平时的家庭作业没有认真做？还是答题粗心，"大意失荆州"，还是临考时紧张慌乱影响了正常发挥？

如果在查找原因时，发现自己学习方法不对、掌握的知识没有很好地牢固记忆，或者自己的做题方式不对从而影响到做题的效率，就要积极向别人看齐，向学习成绩优秀、考试发挥自如的同学学习。

仔细观察，你就会发现，在考试中游刃有余的同学都有一套自己的学习方法，或者学习特别刻苦努力，或者做题特别仔细认真。当然必要的时候你还可以求助于老师或者家长，相信他们的经验会帮你更好地认识自己。这样一来，我们以后就可以有针对性地进行学习和复习，做到心中有数，有的放矢。

4.　试卷讲评认真听

只要不是"大考"，我们平时的期中、期末考试或者小测验，老师们都要在课堂上讲试卷。也许这时候成绩已经出来了，也许还没出来，但不管怎么说，听好老师的讲评都是很重要的。有的同学觉得反正都考完了，分数差不多也知道了，听不听老师讲都无所谓，这是不对的。

我们在一开始就说过，考试是为了帮助我们更好地学习，是为了考察我们上一个阶段学习的效果，推动自己不断进步。如果不认真听老师对试卷的讲解和分析，我们怎么知道自己考试中都错在哪

里呢？怎么知道如何进一步改正呢？

一般说来，老师会对试卷中的一些题目进行重点讲解，而这些地方也就是考试的重点和难点，是特别需要注意的。通过讲解，我们不仅知道了自己错在哪里，怎么改正，对自己出现这些错误的原因，也会有更深刻的认识。下次考试我们就不会犯这样的错误了。

有时候老师的讲解还会超出卷面的内容，结合试卷上的题目做一些更深入的分析，比如说某道题命题的思路是什么，某道题可能代表了某种命题的趋势，某种新题型的解题思路，它和以前的题型之间的关系等等。这些都是我们自己分析总结时很难认识到的。而老师结合他们自己的经验，会给我们很多这样的提示，对我们准备以后的考试是非常有帮助的。所以，老师的讲评课往往也是深化提高课，认真听讲能够获得考卷上没有的知识，帮助我们更好地掌握解题的思路、方法和规律。

由此看来，考完试后的讲评课还真是非常重要的，需要同学们认真对待。认真听完试卷讲评后，保证你有很多收获，不管这次考得怎么样，你对后面的学习，以及下次考试肯定都更有把握和信心了。

5. 自我总结不可少

在认真地听完老师对试卷的讲评之后，还要有针对性地进行自我分析和总结，看看自己实现了预定的考试目标没有。如果没有，要弄明白是哪个环节出了问题，是复习准备得不充分，还是考试前的心理状态没有调整好，或是自己粗心大意了。这些方面都要认真地进行分析。

对试卷也要认真地分析总结，老师讲评主要是针对普遍的情况，也许你出的问题老师没有讲得特别细，那就要靠我们自己来分析了。首先，我们可以从大的试卷结构上来分析，看看自己哪一块或者哪几块知识失分比较多，这样对自己知识上的欠缺就一目了然了，以后努力的方向也很清楚了。而且还要对每道题错误的原因进行分析，看看到底是哪种情况。是审题错误，还是计算错误，或是记忆错误，再或是理解错误等等。分析这些情况各自在失分中占的比例，就能找到这次考试失分的主要原因，以后就会有针对性地进行改正。

然后，我们还要趁热打铁，趁着自己对考试的印象还比较深刻，做好考后的改错练习。将错题一一订正，专门做一本"错题档案"，以便以后复习的时候可以随时翻看。每次考试后我们最好能够养成这样的习惯，把出现的错题和解答都集中起来，作为今后复习的重点。一些重要的试卷，应该分类保存。错题所涉及的有关知识点，再复习的时候就要有针对性地特别加以注意。

最后，还要对这次考试的整体进行综合的分析和总结，哪一科考得好，哪一科考得不好，有没有偏科现象，原因是什么，应该怎样改进，都要总结。对自己临场应试方面的问题和经验，也要注意总结和积累，这些都是我们来之不易的财富，是我们经历一次考试后获得的重要收获。

考试的目的是为了帮助更好地学习，是为了让我们不断进步。

通过对考试进行分析总结，我们就知道了自己是不是取得了进步，哪些方面有进步，哪些方面还需要更加努力，后面的学习就有了目标和方向。中国科大少年班有一位周雄同学，他从中学到大学一直都保持着第一，他的常胜诀窍就是："我不允许自己的下一次比这一次更糟糕，我只同自己竞争。"他通过自己每一次考试的进步，来不断增强自己学习的兴趣和信心。我们对待考试也应该这样，每一次考试都有进步，那么到最后我们肯定能实现目标，取得成功。

6. 从考试中学习

从表面来看，学习成绩的好坏直接体现在分数上、名次上。因此许多同学在成绩、名次公布后互相攀比，考了高分的、名次前进的欢欣鼓舞，考砸了的、名次退步的垂头丧气。

他们只是斤斤计较表面的分数和名次，不去分析隐藏在它们背后的深层次原因，比如学习方法、学习习惯以及努力用功的程度等。这样造成的后果就是，越是追求表面的分数和名次，成绩反而越糟糕。真正的做法应该是不在乎眼前的得失，专注于自己学习习惯和学习方法的改善，这样才会在以后的考试中取得更大的进步。

良性的竞争有助于成绩的提高，盲目的攀比往往适得其反。落后的同学因为一直饱尝"差生"的待遇，即使是成绩有所提高，但因为前面有很多尖子生可望而不可即，依然振作不起来，而那些成绩一向优异的同学，也会因为偶然的一次失利而怀疑、否定自己，甚至丧失信心。

虽然分数在一定程度上反映了我们某一阶段学习的成果，但是要看到，考试的目的不是分数，而是通过考试不断地改进我们的学习，所以分数不是最重要的。根据分数对自己的复习情况进行分析才是考试的重点。我们要冷静地对试卷进行分析，找出自己的弱点和可以改进的地方，要把每次考试都变成自己学习的机会。

一次考试说明不了什么，要看到影响考试成绩的因素有很多，除了学习能力之外，还有自己的身心状况和学习特点，试题难度和命题范围等。既然考试成绩受这么多因素的影响，那么，对分数就要做多方面的分析。不管分数高低，都不应该片面地下结论，更不能因一次失败而否定自己。

每一位同学在每一次考试的时候，都存在着发挥好坏的问题，我们大多数同学在不同的发挥水平下，分数可能会产生 20 分左右的差距。考虑到这些因素，那么不到最后的时刻，都不应该放弃努力和希望。不管对这次成绩有多么不满意，都已经是过去的事情了，我们都必须接受。只要进行下一阶段的努力，在下一次考试中，考出理想的水平还是很有希望的。

学会客观地看待成绩和名次，只和自己"比"，只要有进步，哪怕很小，也要为自己喝彩，鼓励自己，对自己充满信心，因为"小进步"积累起来便是"大成功"。

就一次考试而言，往往会带有一些运气和巧合的成分在里面。如果只注重表面的分数，不对自己真正的实力和水平进行分析判断，就无法看清自己所处的位置。

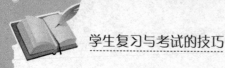

王海在中考前的一模、二模中考得不错，他对自己的成绩也十分满意，认为自己应该能轻松升入本省的重点高中。在之后的冲刺阶段，他放松了对自己的要求，认为"中考就那么回事！"结果在最后的考试中，王海"铩羽而归"，然而已经悔之晚矣。

张芳在高考前的几次模拟考试中考得很不理想，在家长和老师的鼓励下，她积极调整心态，改变学习方法，在随后的考试中她的成绩有了很大提高，然而在填报志愿时，由于以前的模拟成绩不好，她没有勇气填报名牌大学。等高考成绩出来后，她的成绩虽然很不错，但是由于志愿已经填报了，只能进入那所她不很情愿上的大学，遗憾地和自己梦想中的大学擦肩而过。

一次考试结束以后，我们看到没考好的同学常常会沮丧失望，觉得天都塌下来了似的，眼前一片黑暗，看不到前途和方向，没法从失利的阴影中走出来。有的要过很长时间才能调整过来，有的甚至从此一蹶不振，这都是我们不希望看到的。

考试成绩公布之后，同学们应该做到"宠辱不惊"——不会因为一次失利而妄自菲薄，也不会因为一次高分而沾沾自喜。

西方有一句谚语，叫"不要为打翻的牛奶哭泣"。你可以设法改变3分钟以前所发生事情产生的后果，但你不可能改变事情本身。要让自己的失误产生价值，我们唯一能做的就是，以平静的态度分析当时所犯的错误，从中得到深刻的教训，然后再把错误忘掉。已经成为过去的事情怎么想都没用。不妨告诉自己，"事事不能尽如人意，但求无愧我心"。与其让失利的阴影束缚自己，不如泰然处之，调动自己，尽快投入到后面的学习和下一次考试的准备中。

　　还有一些同学考试后有一种"马后炮心理"，总是在事后下决心，这也是没有意义的。世界上没有后悔药，我们不能总把原因归结在一些不合理的假设上，比如说"要是考前做了那本练习就……"这种假设对现实中的学习和考试是毫无用处的。这种假设中只包含一件事，那就是你考前复习得不充分，或是计划安排得不合理。我们从中得出的启示只能是：合理制订计划，踏踏实实执行。

　　一次考试只是考试而已，没考好并不是什么大不了的事。就算是中考、高考落榜，也不是世界末日，条条大路通罗马。我们不能丢掉自己的信心，高尔基说："只有充满自信的人，才能在任何地方都把自己沉浸在生活中，并实现自己的意志。"失败不能失志，要有勇气承认失败，要从失败中寻找原因，为战胜失败找到突破口。

　　消极的情绪只会让我们更加软弱，我们要养成乐观开朗的性格，将考试中的失败看成是对自己的挑战，变被动为主动，这样就不会在困难面前轻易垮掉。一次不行再来第二次。美国发明家爱迪生上小学的时候经常考试倒数第一，外号"呆子"，但后来经过勤奋攻读，不断探索，终于成为大发明家。让我们记住他的话：失败也是我所需要的，它和成功一样对我有价值。

　　另外，我们还要学会虚心地向别人学习，看看那些考得比自己好的同学，他们平时是怎么学习的，把他们的长处和好的、适合自己的方法吸收过来，加以创新。你会发现，这是提高学习成绩的一条捷径，也会让我们把注意力从失败的情绪中转移出来。

　　不要以为只有考得不好的同学才需要心理调节，考得好的同学也同样需要，别让胜利冲昏了头脑。第一，不必为考试成功而过于欢喜。第二，要想到争取成功背后付出的努力，冲淡因为考试成功而可能引起的骄傲和自负。第三，不要到处炫耀自己考试的成功，特别是不要打击那些考得不好的同学，你要做的是帮助和鼓励他们。第四，为未来做好准备。不为到手的成果所动的人，情绪稳定，精力集中，才更容易出新的成果。

面对大大小小的考试，我们要做到"胜不骄，败不馁"，这才是健康的考后心理。不管成功还是失败，我们都要保持一颗健康的心。

考试是对我们情感和意志品质的磨炼。每一次考试，都是对我们心理素质的一种考验。如果我们能够从一次又一次的考试失败中顽强地站起来，并能走向成功，那么，将来踏入社会，你就一定能够经受得住生活中的各种考验，战胜艰难险阻，取得事业上的成功。

后 记

经过了紧张的复习和考试后，我们终于暂时要和它们说再见了。一路走来，大家一定收获了不少吧？复习和考试，不是我们的敌人，而是我们的伙伴和朋友。通过复习和考试，我们懂得了考试的意义，学会了更有效率的学习。尤其是考试，它一路上都在给我们鼓劲，陪我们经历失望和挫折，也和我们一起分享快乐。它教会了我们很多东西，不只是让我们长知识，还和我们一起成长，让我们更坚强，更勇敢，更自信。现在它就要和我们说再见了，还真有点舍不得呢。

不过这分别只是暂时的，在我们以后的学习生活中还要经常需要与复习和考试打交道。到那个时候，它一定会惊讶：哇！原来你进步了这么多，成长得这么快！

这本小书希望达到的目的，就是让每位同学都和考试交朋友，都能学会应试复习的方法和考场上的答题技巧，不断地实现个人的进步和成长。只要我们能够把复习当做伙伴，把考试当做朋友，你就会发现，复习和考试都没有那么可怕；你就会发现，学习原来很有趣。

所以，虽然我们说了这么多，却不是要让你觉得复习和考试很难，很复杂。我们所说的一切，都是为了让你重新认识复习和考试，让你觉得复习和考试是很简单的事。只要我们愿意去了解它们，认识它们，它们是可以和我们做朋友的。

我们在前面提到的各种方法和技巧，也都是为了让我们更轻松、更积极地去面对复习和考试。它们不是固定不变的，每个人的情况可能都不太一样，也许只有一些方法适合你，也许你有更好的方法。所以，请记住，你所要做的就是，在总结和认识自己的基础上，将它们灵活地进行运用在你需要的时候。